講談社 火の鳥 伝記文庫

心《こころ》の探究者《たんきゅうしゃ》

ブッダ

小沢章友《おざわあきとも》 文
藤原《ふじわら》カムイ 絵

はじめに

およそ2500年《ねん》まえ、
ヒマラヤ山脈《さんみゃく》のふもとの小《ちい》さな国《くに》に
ひとりの王子《おうじ》が誕生《たんじょう》しました。
その王子《おうじ》、シッダールタは、
宮殿《きゅうでん》でなに不自由《ふじゆう》なく育《そだ》ちますが、
すべてをすて、修行《しゅぎょう》の旅《たび》に出《で》たいとねがうようになります。
人《ひと》はいつか、老《お》いて、病《や》んで、死《し》んでいく。
そして、生《う》まれてきたからには
それらの苦《くる》しみからのがれることはできない……。
シッダールタは、
その苦《くる》しみをのりこえたいと考《かんが》えたのです。

やがて城《しろ》を立《た》ちさったシッダールタは、
名高《なだか》い仙人《せんにん》のもとで修行《しゅぎょう》したり
ひとり苦行《くぎょう》を積《つ》んだりしたすえ、
菩提樹《ぼだいじゅ》のもとで
完全《かんぜん》にめざめた者《もの》「ブッダ」となります。
苦《くる》しみをのりこえる道《みち》が、
さあっと開《ひら》けたのです。
ブッダが、その教《おし》えを説《と》いてまわると、
ともに修行《しゅぎょう》する弟子《でし》がどんどんふえていきました。
みずからの心《こころ》と向《む》き合《あ》い、
人《ひと》はいかに生《い》きるべきかを
生涯《しょうがい》問《と》いつづけ、その考《かんが》えを実行《じっこう》したブッダ。
さあ、ブッダの長《なが》い旅《たび》が、いま始《はじ》まります。

もくじ

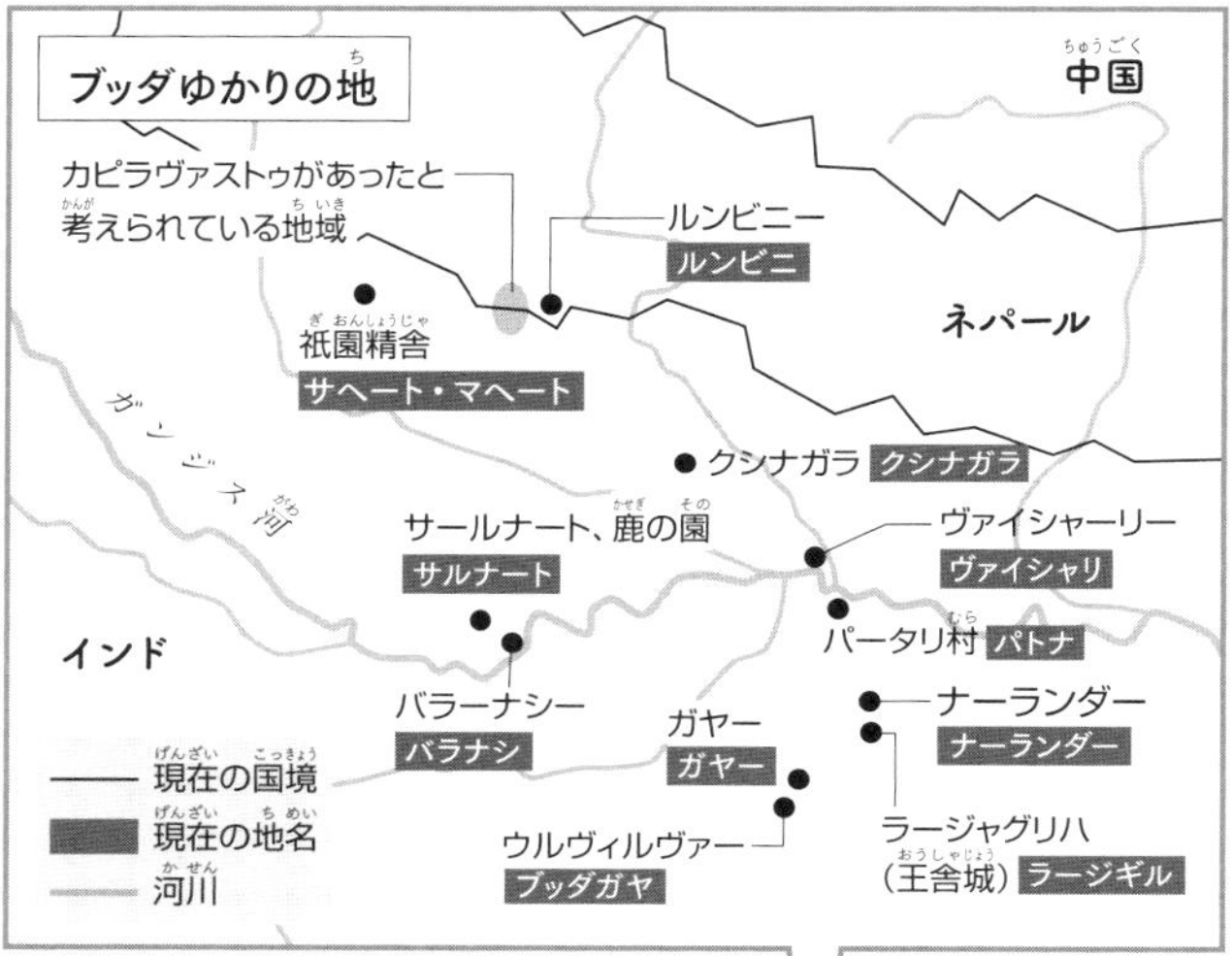

※古代《こだい》のインドは現代《げんだい》のような統一国家《とういつこっか》ではなく、たくさんの国《くに》が集《あつ》まっていました。

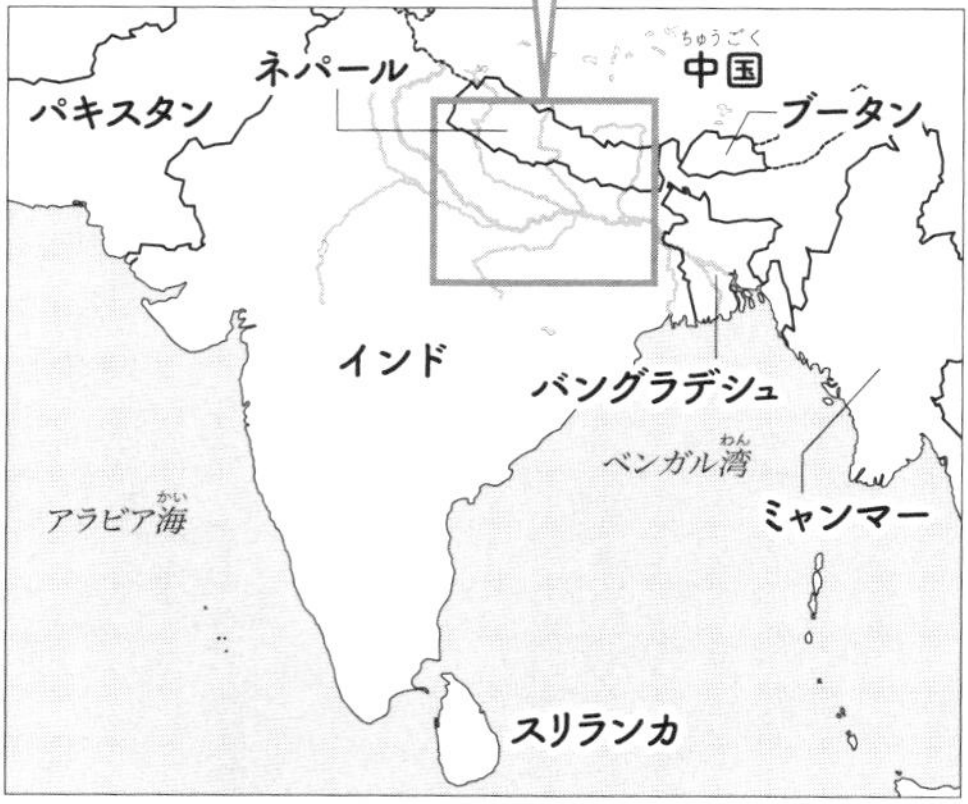

1 なに不自由《ふじゆう》のないくらし

誕生《たんじょう》

春《はる》の風《かぜ》がふいていた。

紀元前《きげんぜん》463年《ねん》のその日《ひ》、インドの北《きた》、ネパールの地《ち》にあるルンビニーの花園《はなぞの》では、青《あお》い池《いけ》に蓮《はす》の花《はな》がさきひらき、果樹園《かじゅえん》ではマンゴーの樹《き》がつらなり、孔雀《くじゃく》が美《うつく》しい羽《はね》を広《ひろ》げて歩《ある》いていた。

「神《かみ》の不思議《ふしぎ》な霊力《れいりょく》」を意味《いみ》する名《な》をもつ、シャーキャ（シャカ）族《ぞく》の王妃《おうひ》マーヤーは、白絹《しらぎぬ》のテントの下《した》に横《よこ》たわり、目《め》をとじていた。

マーヤーは、出産《しゅっさん》のために、カピラヴァストゥの城《しろ》をはなれて、里帰《さとがえ》りをしようとしていた。その途中《とちゅう》に立《た》ちよったルンビニーの花園《はなぞの》で、マーヤーは産気《さんけ》づいたのである。

「お妃《きさき》さま。もうすぐお生《う》まれになります。」

そばにひかえていた、つきそいの医者《いしゃ》が告《つ》げた。

「ええ。」

マーヤーはうなずいた。まぶたをとじて、昨夜《さくや》見《み》た不思議《ふしぎ》な夢《ゆめ》を思《おも》った。

それは、赤子《あかご》が生《う》まれる夢《ゆめ》だった。

まっ白《しろ》い清《きよ》らかな象《ぞう》が、マーヤーの体《からだ》の中《なか》に入《はい》ってきたあと、赤子《あかご》が、マーヤーの右腕《みぎうで》のわきから生《う》まれたのだ。

赤子《あかご》は、大地《だいち》にすっくと立《た》ち、7歩《ほ》、歩《ある》いた。そして、右手《みぎて》で天《てん》を指《さ》し、左手《ひだりて》で地《ち》を指《さ》して、はっきりした声《こえ》で、告《つ》げた。


——天《てん》の上《うえ》にも、天《てん》の下《した》にも、わたしはただひとり。それゆえ尊《とうと》い。

あの、不思議《ふしぎ》な言葉《ことば》を告《つ》げた赤子《あかご》が、このわたしから生《う》まれるのだろうか？

マーヤーは思《おも》った。

やがて、そのときが来《き》た。

赤子《あかご》が生《う》まれる瞬間《しゅんかん》、マーヤーは、天上《てんじょう》から、清《きよ》らかな調《しら》べとともに、無数《むすう》の白《しろ》い花《はな》びらがふりそそぐ光景《こうけい》を、まぶたの裏《うら》に見《み》た。それはまるで、白《しろ》い衣《ころも》をまとった、無数《むすう》の天女《てんにょ》たちが舞《ま》っているように、感《かん》じられた。

「おめでとうございます。王子《おうじ》さまでございます。」

侍女《じじょ》たちが口々《くちぐち》に言《い》った。

「なんて愛《あい》らしい王子《おうじ》さまでございましょう。」

マーヤーは言《い》った。

「お子《こ》のお顔《かお》を、見《み》せておくれ。」

やわらかな衣《ころも》につつまれた赤子《あかご》を見《み》たとき、マーヤーは息《いき》をのんだ。まさしく、その赤子《あかご》は、夢《ゆめ》に見《み》たのと同《おな》じ赤子《あかご》だったからだ。

あの夢《ゆめ》の子《こ》だ。

赤子《あかご》からは、なにか、まぶしい光《ひかり》が放《はな》たれているようだった。マーヤーは、思《おも》わず、赤子《あかご》に向《む》かって、両手《りょうて》を合《あ》わせた。

「神《かみ》さま、すばらしいお子《こ》をさずけてくださって、ありがとうございます。」

深《ふか》いよろこびを感《かん》じたそのとき、マーヤーの胸《むね》を、ふいに、ある予感《よかん》がよぎった。

もしかしたら、この子《こ》が成人《せいじん》するときまで、わたしはこの世《よ》に生《い》きていないかもしれない……。その悲《かな》しい予感《よかん》を、マーヤーは心《こころ》の中《なか》で、否定《ひてい》した。

いいえ、わたしは、まだ死《し》にません。これから、この子《こ》とともに、生《い》きていくのですから。

雪山《ゆきやま》ヒマラヤのふもと、カピラヴァストゥを都《みやこ》としていたシャーキャ族《ぞく》の王《おう》、シュッドーダナは、王妃《おうひ》マーヤーが産《う》んだ王子《おうじ》の名《な》を、シッダールタと名《な》づけた。

「シッダールタ」とは、「目的《もくてき》をとげる者《もの》」という意味《いみ》だった。

姓《せい》は、シャーキャ族《ぞく》の王家《おうけ》につたえられてきた、「もっともすぐれた牛《うし》」という意《い》味《み》の、「ガウタマ（ゴータマ）」。名《な》は、「シッダールタ」。それが赤子《あかご》の正式《せいしき》な名前《なまえ》だった。

「よい子《こ》だ。」

シュッドーダナ王《おう》は、シッダールタ王子《おうじ》の誕生《たんじょう》を、心《こころ》からよろこんだ。

「この子《こ》は、かしこい顔《かお》をしている。この子《こ》なら、わたしのあとを、りっぱに引《ひ》きついでくれるだろう。」

シャーキャ族《ぞく》は、広大《こうだい》なコーサラ国《こく》に属《ぞく》している、小《ちい》さな国《くに》の民族《みんぞく》だった。いまはいくさもなく、平和《へいわ》にくらしていたが、いつ、コーサラ国《こく》にせめられて、ほろぼされるか、わからなかった。

「たのむぞ、シッダールタ。」

シュッドーダナ王《おう》は、王子《おうじ》のシッダールタが、シャーキャ族《ぞく》をいまよりも豊《ゆた》かに繁《はん》栄《えい》させてくれることを期《き》待《たい》したのだ。

王子《おうじ》の誕生《たんじょう》によろこぶ城《しろ》を、そのとき、長《なが》いあいだ、ヒマラヤで修行《しゅぎょう》を積《つ》んできたアシタ仙人《せんにん》が、おとずれた。

「これは、アシタ仙人《せんにん》さま。よく、いらしてくださいました。」

インド中《じゅう》で尊敬《そんけい》されているアシタ仙人《せんにん》に、シュッドーダナ王《おう》は深《ふか》くおじぎをして、むかえいれた。

「王《おう》よ。このたび、お妃《きさき》に、王子《おうじ》がお生《う》まれになったとか。わしは、王子《おうじ》にお会《あ》いしたくて、やってきました。」

アシタ仙人《せんにん》は、シュッドーダナ王《おう》に言《い》った。

「それはありがたいことです。アシタ仙人《せんにん》さま、どうぞ、王子《おうじ》を祝福《しゅくふく》してください。」

シュッドーダナ王《おう》は、アシタ仙人《せんにん》に言《い》った。

アシタ仙人《せんにん》は、白《しろ》い傘《かさ》の下《した》で、赤《あか》い毛布《もうふ》にくるまれているシッダールタを、そうっとだきあげた。しげしげと、顔《かお》を見《み》やって、深《ふか》くうなずき、よろこびにみちた声《こえ》で、告《つ》げた。

「このお方《かた》は、この世《よ》に生《せい》をうけた人間《にんげん》のなかで、もっともたっといお方《かた》になられるでしょう。」

それから、アシタ仙人《せんにん》は、シッダールタをそうっと、白《しろ》い傘《かさ》の下《した》にもどすと、なみだを流《なが》しはじめた。

シュッドーダナ王《おう》は首《くび》をかしげて、たずねた。

「アシタ仙人《せんにん》さま。なぜ、泣《な》かれるのですか？」

アシタ仙人《せんにん》はなみだをふいて、答《こた》えた。

「このお方《かた》の前《まえ》には、ふたつの道《みち》があるように思《おも》われます。」

「ふたつの道《みち》とは？」

「ひとつは、正義《せいぎ》によって、この世《よ》をおさめる偉大《いだい》な帝王《ていおう》――『転輪王《てんりんおう》』となられる道《みち》です。」

それを聞《き》くと、シュッドーダナ王《おう》はうなずいた。

転輪王《てんりんおう》の道《みち》か。それはいい。いつ、コーサラ国《こく》にほろぼされるかわからない不安《ふあん》な立場《たちば》のシャーキャ族《ぞく》が、シッダールタによって、偉大《いだい》な国《くに》になれたら、どんなによいだろう。

アシタ仙人《せんにん》はつづけた。

「もうひとつの道《みち》は、出家《しゅっけ》(家《いえ》を出《で》て僧《そう》になる)されて、これまでだれも成《な》しとげられなかった悟《さと》りを開《ひら》き、『ブッダ(完全《かんぜん》にめざめた人《ひと》)』となられる道《みち》です。」

シュッドーダナ王《おう》は息《いき》をのんだ。

「では、わが子《こ》シッダールタは、偉大《いだい》な転輪王《てんりんおう》か、悟《さと》りを開《ひら》いたブッダか、どちらかになると言《い》われるのですか?」

アシタ仙人《せんにん》はうなずいた。

「さよう。けれど、このお方《かた》は、転輪王《てんりんおう》への道《みち》は歩《あゆ》まれず、ブッダとなられる道《みち》を歩《あゆ》まれることでしょう。」

シュッドーダナ王《おう》は、はっと胸《むね》をつかれ、アシタ仙人《せんにん》にたずねた。

「それでは、この子《こ》は、いつか城《しろ》をすてて、出家《しゅっけ》すると言《い》われるのですか?」

「まさしく、この世《よ》にたぐいのないお方《かた》、ブッダとなられ、まよえる多《おお》くの人《ひと》びとに、たっとい教《おし》えをさずけられるでしょう。」

そこで、アシタ仙人《せんにん》はふたたびなみだを流《なが》して、言《い》った。

「けれど、わしの命《いのち》は、それほど長《なが》くはなく、わしは、このお方《かた》のたっとい教《おし》えを聞《き》かずして、死《し》んでしまうでしょう。そのことが悲《かな》しくてならないのです。」

そばにいた者《もの》たちは、みな、深《ふか》く胸《むね》を打《う》たれた。

ヒマラヤで長《なが》い修行《しゅぎょう》を積《つ》んだアシタ仙人《せんにん》が、シッダールタの教《おし》えを、生《い》きているうちに聞《き》けないと悲《かな》しみ、なげいているのだ。

シュッドーダナ王《おう》は、心《こころ》の奥深《おくふか》くで、考《かんが》えた。

いや、そんなことになってはいけない。シッダールタは、わたしの息子《むすこ》、ただひとりの王子《おうじ》だ。わたしのあとをついで、シャーキャ族《ぞく》の王《おう》となり、わが国《くに》に栄光《えいこう》をもたらすべき子《こ》だ。ブッダへの道《みち》ではなく、転輪王《てんりんおう》への道《みち》を、ぜひとも歩《あゆ》ませなくてはならない。そのためには、出家《しゅっけ》させないように、しなくては……。

マーヤーの死《し》

「そうですか。アシタ仙人《せんにん》さまが、そのように言《い》われたのですか。」

シュッドーダナ王《おう》から、アシタ仙人《せんにん》の話《はなし》を聞《き》いて、マーヤーはうなずいた。

マーヤーは出産《しゅっさん》のあと、体調《たいちょう》がすぐれなかった。体《からだ》が熱《ねつ》っぽく、床《とこ》から起《お》きあがることが、なかなかできなかった。

「そうだよ、マーヤー。」

シュッドーダナ王《おう》は、こまったように、言《い》った。

「わたしたちの子《こ》、シッダールタは、この世《よ》をおさめる転輪王《てんりんおう》か、悟《さと》りを開《ひら》いたブッダか、どちらかになるというのだよ。もちろん、わたしは、シッダールタには出家《しゅっけ》してほしくはない。シッダールタには、ぜひとも、シャーキャ族《ぞく》のりっぱな王《おう》になってほしい。」

マーヤーは、赤子《あかご》が生《う》まれるときに見《み》た夢《ゆめ》を、思《おも》った。右手《みぎて》で天《てん》を指《さ》し、左手《ひだりて》で地《ち》を指《さ》して、「天《てん》の上《うえ》にも、天《てん》の下《した》にも、わたしはただひとり。それゆえ尊《とうと》い。」と告《つ》げた、あの夢《ゆめ》の赤子《あかご》を思《おも》った。

あの言葉《ことば》は、もしかして、シッダールタがブッダとなる運命《うんめい》を告《つ》げていたのだろうか？

「だから、マーヤー。シッダールタが城《しろ》を出《で》ていかないように、その成長《せいちょう》をしっかりと見守《みまも》っておくれ。」

シュッドーダナ王《おう》は、マーヤーに言《い》った。

マーヤーはだまって、うなずいた。

けれど、マーヤーは、シッダールタの成長《せいちょう》を見守《みまも》ることができなかった。日《ひ》に日《ひ》に、病《やまい》が重《おも》くなっていき、シッダールタが誕生《たんじょう》して7日目《なのかめ》、天《てん》に召《め》されるように、マーヤーは静《しず》かにこの世《よ》を去《さ》っていった。

息《いき》を引《ひ》きとる間際《まぎわ》、マーヤーは夢《ゆめ》を見《み》た。

それは、成長《せいちょう》して大人《おとな》になっているシッダールタが、竹《たけ》がいっぱいに生《は》えている森《もり》の中《なか》で、数《かぞ》えきれないほどの人《ひと》びとを前《まえ》にして、よく通《とお》る、おだやかな声《こえ》で、語《かた》っている光景《こうけい》だった。

「──人《ひと》はだれしも、生《う》まれ、老《お》いて、病《やまい》にかかり、死《し》んでいく。『生《しょう》・老《ろう》・病《びょう》・死《し》』のさだめは、だれしも、まぬがれることができない。けれど、その『生《しょう》・老《ろう》・病《びょう》・死《し》』のさだめを、なげくことはない。人《ひと》は、そのさだめを、のりこえることができるからである……。」

ああ。

シッダールタの告《つ》げる言葉《ことば》に、マーヤーの目《め》から、なみだがこぼれた。

これが、アシタ仙人《せんにん》さまが言《い》われたことなのだろうか？　わが子《こ》、シッダールタがブッダとなり、まよえる人《ひと》びとを、あんなふうに教《おし》えみちびくというのだろうか？

ああ、もっと生《い》きていたい。生《い》きて、シッダールタの成長《せいちょう》を見守《みまも》っていたい……。

マーヤーは、夢《ゆめ》の中《なか》で、成長《せいちょう》したシッダールタにたずねた。

「シッダールタよ、わたしに教《おし》えておくれ。どうやって、人《ひと》は、『生《しょう》・老《ろう》・病《びょう》・死《し》』の運命《うんめい》を、のりこえることができるのですか？」

マーヤーは、シッダールタの言葉《ことば》を聞《き》きたかったが、それを聞《き》くまえに、夢《ゆめ》は終《お》わり、命《いのち》の火《ひ》が消《き》えてしまった。

「マーヤー、マーヤー。」

そばにつきそっていたシュッドーダナ王《おう》は、さけんだ。

「死《し》ぬな、マーヤー。シッダールタやわたしをのこして、死《し》んではいけないぞっ。」

おつきの侍女《じじょ》たちもさけんだ。

「王妃《おうひ》さま。」

「王妃《おうひ》さまっ……。」

シュッドーダナ王《おう》や、城《しろ》に仕《つか》える者《もの》たちが、なげきかなしむなか、マーヤーはこの世《よ》をはなれていった。

白《しろ》いゆりの花《はな》に囲《かこ》まれて、目《め》をとじているマーヤーは、死《し》んでいるというよりも、ねむっているようで、かぎりなく美《うつく》しかった。

その姿《すがた》を見《み》ると、城《しろ》の者《もの》たちはなみだを流《なが》した。そして、もっとも泣《な》いたのは、マーヤーの妹《いもうと》、マハープラジャーパティだった。

「姉上《あねうえ》、シッダールタは、わたしが育《そだ》てます。」

マハープラジャーパティは、姉《あね》のマーヤーに似《に》て、心《こころ》がやさしく、気立《きだ》てのよい女性《じょせい》だった。シュッドーダナ王《おう》は、おさないシッダールタのために、マハープラジャーパティを、マーヤーのあとのお妃《きさき》にして、シッダールタを育《そだ》てさせることにした。

「いいかい、マハープラジャーパティ。母《はは》のマーヤーがいないさびしさを、シッダールタに味《あじ》わわせてはいけないよ。」

「はい。」

マハープラジャーパティがうなずくと、シュッドーダナ王《おう》は、言《い》った。

「それから、もうひとつ、大事《だいじ》なことがある。アシタ仙人《せんにん》の予言《よげん》が実現《じつげん》してはこまるのだよ。いいかい、シッダールタが王子《おうじ》の身分《みぶん》をすてて、この城《しろ》を出《で》ていかないように、しなくてはいけないのだよ。」

「わかりました。姉上《あねうえ》の分《ぶん》まで、わたしにできるかぎりの愛情《あいじょう》を注《そそ》いで、王子《おうじ》を大切《たいせつ》に育《そだ》てます。」

マハープラジャーパティはうなずいて言《い》った。

「王子《おうじ》よ。王子《おうじ》よ。」

マハープラジャーパティは、シッダールタにこまやかな愛情《あいじょう》を注《そそ》いで、大切《たいせつ》に育《そだ》てた。

そのおかげで、シッダールタはすこやかに育《そだ》っていった。シュッドーダナ王《おう》は考《かんが》えた。

「城《しろ》を出《で》て、僧《そう》になることなど、考《かんが》えないように、シッダールタには、なにひとつ不《ふ》自由《じゆう》のないくらしをさせなくては。」

シュッドーダナ王《おう》は、シッダールタのために、3つの宮殿《きゅうでん》をつくってやった。ひとつは、寒《さむ》い冬《ふゆ》のための宮殿《きゅうでん》であり、もうひとつは暑《あつ》い夏《なつ》のための宮殿《きゅうでん》であり、さらには雨期《うき》のための宮殿《きゅうでん》だった。

いずれの宮殿《きゅうでん》にも、蓮《はす》のうかぶ広《ひろ》い池《いけ》がそなえられていて、青《あお》い蓮《はす》の花《はな》、紅《あか》い蓮《はす》の花《はな》、白《しろ》い蓮《はす》の花《はな》がさいていた。まわりには、マンゴーやぶどうの樹《き》がならび、香《かお》り高《たか》い薔薇《ばら》の花園《はなぞの》がある、美《うつく》しい庭《にわ》が広《ひろ》がっていた。

さらに、シュッドーダナ王《おう》は考《かんが》えた。

「シッダールタには、母《はは》のマーヤーの早《はや》すぎる死《し》を思《おも》いおこさせて、悲《かな》しませたりしてはならない。」

シュッドーダナ王《おう》は、この世《よ》の「なやみ」や「苦《くる》しみ」、「悲《かな》しみ」、そして「死《し》」などを知《し》ることがないように、シッダールタの宮殿《きゅうでん》には、わかくて、はつらつとした者《もの》だけを住《す》まわせることにした。

苦《くる》しんでいる病人《びょうにん》、はなはだしく老《お》いた者《もの》、そして死《し》にかけている者《もの》などは、けっしてシッダールタには見《み》せないようにしたのだ。そして、たえず、シッダールタに向《む》かって、言《い》いきかせた。

「王子《おうじ》よ。外《そと》へ出《で》れば、あぶない目《め》にあうから、宮殿《きゅうでん》でくらすように。」

シッダールタは宮殿《きゅうでん》の外《そと》の世界《せかい》を知《し》らないまま、おさない日々《ひび》をすごした。いっしょに遊《あそ》ぶ友《とも》だちもなく、マハープラジャーパティや多《おお》くの侍女《じじょ》たちにかしずかれ、学問《がくもん》と武芸《ぶげい》にいそしむ少年《しょうねん》に育《そだ》っていった。

シュッドーダナ王《おう》は、シッダールタに、シャーキャ族《ぞく》の王《おう》にふさわしい教養《きょうよう》を身《み》につけさせようと、64の学芸分野《がくげいぶんや》において、高名《こうめい》なバラモン司祭《しさい》をはじめ、多《おお》くのすぐれた先生《せんせい》をつけた。

こうして、シッダールタは7歳《さい》のころから、語学《ごがく》、算数《さんすう》、天文《てんもん》、地理《ちり》などを学《まな》んだ。そして、8歳《さい》、9歳《さい》、10歳《さい》と、成長《せいちょう》するにつれて、「光《ひか》りかがやくもの・デーヴァ」とよばれる、軍神《ぐんしん》インドラ、火《ひ》の神《かみ》アグニなどの、天《てん》にすむ神々《かみがみ》への讃歌《さんか》、インドにつたわる神話《しんわ》や物語《ものがたり》、笛《ふえ》や琴《きん》、竪琴《たてごと》などの音楽《おんがく》、詩文《しぶん》のつくり方《かた》、さらには弓《ゆみ》、剣《けん》、槍《やり》、馬術《ばじゅつ》などの武芸《ぶげい》を、学《まな》んでいった。

それらのなかで、シッダールタが興味《きょうみ》をいだいたのは、古《ふる》くからインドにつたわってきた『リグ・ヴェーダ』、『サーマ・ヴェーダ』、『ヤジュル・ヴェーダ』といったバラモン教《きょう》の聖典《せいてん》や、さらには、「秘教《ひきょう》」あるいは「奥義書《おうぎしょ》」とよばれる『ウパニシャッド』を学《まな》ぶことだった。

秘教《ひきょう》ウパニシャッド

宮殿《きゅうでん》に出入《でい》りしていたバラモン司祭《しさい》のひとりである、アッサバは、秘教《ひきょう》ウパニシャッドの思想《しそう》を、こう教《おし》えさとした。

「よいかな、王子《おうじ》。」

アッサバは、よく熟《う》れたおいしそうな桃《もも》をひとつ持《も》って、シッダールタにたずねた。

「この桃《もも》をわったら、中心《ちゅうしん》に、なにがのこりますかな？」

シッダールタは答《こた》えた。

「種《たね》がのこります。」

アッサバはうなずいた。

「では、その種《たね》をわったら、中心《ちゅうしん》に、なにがのこりますかな？」

あれ？　種《たね》をわったら、どうなるかって？　そこには、なんにもないはずだけれど……。

すぐに答《こた》えられず、シッダールタが考《かんが》えこんでいると、アッサバは言《い》った。

「さあ、王子《おうじ》。なにが、そこにありますかな？」

「種《たね》をわったら……。なにもありません。」

アッサバは深《ふか》くうなずいて、言《い》った。

「さよう。なにもないのです。しかし、そのなにもないものこそが、桃《もも》という実体《じったい》をつくっているのですぞ。」

なにもないものが、実体《じったい》をつくっている？

それは、シッダールタにとって、おどろきの言葉《ことば》だった。

アッサバはさらに言《い》った。

「よいかな、王子《おうじ》。そして、そのなにもないものが、目《め》に見《み》えない『気息《きそく》』であり、命《いのち》のもとであり、命《いのち》の働《はたら》きである『アートマン』だと、ウパニシャッドは教《おし》えているのです。」

シッダールタはつぶやいた。

「目《め》に見《み》えない、命《いのち》の働《はたら》きが、アートマンなのですか？」

「さよう、王子《おうじ》よ。目《め》に見《み》えないこのアートマンが、この世《よ》に存在《そんざい》するすべてのものに宿《やど》っているのです。まさしく、アートマンこそは、この世《よ》のありとあらゆるものの源《みなもと》であると、ウパニシャッドは教《おし》えています。」

しばらく考《かんが》えたあと、シッダールタはたずねた。

「……それでは、わたしのなかにも、アートマンが宿《やど》っているのでしょうか？」

「もちろん、王子《おうじ》の中心《ちゅうしん》にも、アートマンは宿《やど》っております。」

アッサバは、両手《りょうて》を大《おお》きく広《ひろ》げて言《い》った。

「よいかな、この世《よ》にあるものは、その中心《ちゅうしん》に、目《め》に見《み》えない形《かたち》で、アートマンが宿《やど》っているのです。そして、このアートマンは、宇宙《うちゅう》の根源《こんげん》である『ブラフマン』と、つながっているのです。」

アートマンとブラフマンか……。

シッダールタには、ウパニシャッドの根本思想《こんぽんしそう》といわれる、アートマンとブラフマンとが、すんなりと理解《りかい》できなかった。

「先生《せんせい》、よくわかりません。宇宙《うちゅう》の根源《こんげん》であるブラフマンと、わたしのなかに宿《やど》っているアートマンが、いったい、どのようにつながっているのですか？」

すると、アッサバは言《い》った。

「王子《おうじ》よ、宇宙《うちゅう》の中心《ちゅうしん》であり、根源《こんげん》であるブラフマンと、王子《おうじ》の体《からだ》に宿《やど》るアートマンが、どのようにつながっているのか？　それは、わたしにもわかりません。それは、王子自身《おうじじしん》が考《かんが》えなくてはならないことです。」

えっ。そんなにむずかしいことを、わたしが考《かんが》えなくてはならないのか？

シッダールタは、よく理解《りかい》できないままに、アッサバにたずねた。

「先生《せんせい》、そのアートマンというのは、わたしたちのなかにある、『魂《たましい》』だと考《かんが》えてもいいのですか？」

アッサバは腕組《うでぐ》みをして、言《い》った。

「王子《おうじ》は、魂《たましい》はいかなるもののなかに宿《やど》る、と思《おも》っていますか？」

「それは……。」

シッダールタは考《かんが》えながら言《い》った。

「心《こころ》をもった生《い》きもの、とりわけ人間《にんげん》のなかに宿《やど》るものだと、わたしは思《おも》っています。」

「さよう。魂《たましい》は、心《こころ》をもった生《い》きもののなかに宿《やど》るといわれています。」

アッサバはうなずいて、言《い》った。

「けれど、アートマンは、ありとあらゆるもののなかに宿《やど》るのです。人間《にんげん》のなかだけでなく、猿《さる》や象《ぞう》、狐《きつね》、狼《おおかみ》、孔雀《くじゃく》や燕《つばめ》、蜜蜂《みつばち》、蟻《あり》のなかにも宿《やど》っています。さらには、マンゴーの樹《き》にも、いちじくの樹《き》にも、ゆりの花《はな》、蓮《はす》の花《はな》にも宿《やど》っています。それだけではありません。この大地《だいち》にも、川《かわ》を流《なが》れる水《みず》にも、もえる火《ひ》にも、ふきすぎていく風《かぜ》にも、アートマンは宿《やど》っています。また、さらには、雨《あめ》にも、雲《くも》にも、雷《かみなり》にも、空《そら》の星々《ほしぼし》にも、宿《やど》っているのです。」

そうか。アートマンは、この世《よ》の生《い》きもののだけでなく、水《みず》や、火《ひ》や、風《かぜ》、雲《くも》、雷《かみなり》や、天《てん》の星《ほし》にも宿《やど》っているのか……。

ウパニシャッドの説《と》く世界観《せかいかん》を、シッダールタは想像《そうぞう》してみた。

はてしなく広《ひろ》い大宇宙《だいうちゅう》の中心《ちゅうしん》に、「ブラフマン」が存在《そんざい》する。そして、まるで、ブラフマンから生《う》まれでたような「アートマン」が、この世《よ》のすべての生《い》きもの、さら

には土《つち》、水《みず》、火《ひ》、風《かぜ》、雲《くも》、星々《ほしぼし》にまで、ちりばめられている……。

気《き》の遠《とお》くなるような壮大《そうだい》な想像《そうぞう》に、しばらくひたったあと、シッダールタはたずねた。

「それでは、アートマンは魂《たましい》とはちがうものだと、先生《せんせい》は言《い》われるのですね？」

アッサバはゆっくりと首《くび》をふって、言《い》った。

「万物《ばんぶつ》に宿《やど》るアートマンと、わたしたちのなかにある魂《たましい》が、はたして同《おな》じものなのか、同《おな》じものでないのか？　わたしにも、よくわからないのです。」

「えっ、先生《せんせい》にもわからないのですか？」

アッサバはうなずいて、言《い》った。

「よいかな、王子《おうじ》。ウパニシャッドが教《おし》える、アートマンやブラフマン、そして魂《たましい》といったものは、目《め》に見《み》えるものではありません。」

たしかにそうだ。それらは目《め》には見《み》えないものだ……。

シッダールタがそう思《おも》っていると、アッサバは静《しず》かに言《い》った。

「それらは、耳《みみ》に聞《き》こえるものでもなく、手《て》でふれることができるものでもありません。わたしたちの目《め》、耳《みみ》、鼻《はな》、舌《した》、皮膚《ひふ》などの五官《ごかん》では、しっかりと、とらえられないものなのです。ですから、それらがどういうものなのか、ほんとうのところ、まだ、だれにもわかってはいないと、わたしは考《かんが》えています。」

その言葉《ことば》は、安易《あんい》に妥協《だきょう》することなく、つねに正《ただ》しい真理《しんり》をさがしもとめようとしているアッサバには、似《に》つかわしかった。

そうか。まだ、だれにも、ほんとうのところは、魂《たましい》やアートマンのことがわかっていないのか……。

すると、アッサバが思《おも》いがけないことを言《い》った。

「ですから、目《め》に見《み》えないそれらについては、いつか王子《おうじ》が解《と》きあかしてくだされば
よいのです。」

シッダールタはおどろいた。

「この、わたしが？」

アッサバは真剣《しんけん》なまなざしで、うなずいた。

「さよう。わたしにはわかるのです。王子《おうじ》には、すぐれた豊《ゆた》かな心《こころ》があり、ほかの人《ひと》にはない、目《め》のかがやきがあります。そのすばらしいかがやきは、そのまま、王子《おうじ》の心《こころ》のかがやきです。ですから、ウパニシャッドの教《おし》えがほんとうのことなのか、どうなのか。それが、あやまちのない、正《ただ》しい真理《しんり》なのか、どうなのか。王子《おうじ》こそは、それを見《み》つけてくれる。いままで、だれも見《み》つけることのできなかった真理《しんり》を、きっと見《み》つけてくれる。わたしはそう思《おも》っているのです。」

そうだろうか？　わたしに、そんな力《ちから》があるのだろうか？

シッダールタはアッサバの言葉《ことば》を信《しん》じられない思《おも》いで聞《き》いた。

「でも、先生《せんせい》、わたしには信《しん》じられません。このわたしが、これまで、だれも見《み》つけることのできなかった真理《しんり》を、ほんとうに見《み》つけることができるのでしょうか？」

アッサバは深《ふか》くうなずいて、言《い》った。

「その日《ひ》が来《き》ます。きっと来《く》ると、わたしは信《しん》じています。」

魂《たましい》はどこへ行《い》くのか？

しかし、アッサバは、ある日《ひ》をさかいにして、宮殿《きゅうでん》に来《こ》なくなった。どうしたのだろう、アッサバ先生《せんせい》は？　病気《びょうき》になったのだろうか？

もともと、宮殿《きゅうでん》に出入《でい》りする多《おお》くのバラモンたちのなかで、アッサバは「バラモンらしくない、変《か》わり者《もの》」と見《み》なされていた。

アッサバにくらべて、ほとんどのバラモンたちは、正《ただ》しい真理《しんり》を探究《たんきゅう》しようとはしていなかった。軍神《ぐんしん》インドラや、火《ひ》の神《かみ》アグニへ、牛《うし》や羊《ひつじ》といったいけにえを盛大《せいだい》にささげ、自信《じしん》たっぷりに呪文《じゅもん》をとなえるだけだった。神々《かみがみ》への祭祀《さいし》を行《おこな》うことだけに、力《ちから》を注《そそ》いでいた。

アッサバはかざりものをいっさいつけず、質素《しっそ》な僧衣《そうえ》をまとっているだけだったが、ほかのバラモンたちは、ぜいたくな布《ぬの》でつくられた司祭《しさい》の衣《ころも》をまとい、金銀《きんぎん》の腕《うで》輪《わ》やめずらしい宝石《ほうせき》の首《くび》かざりなどを、きらびやかに身《み》につけていた。

そうしたバラモンのなかで、もっとも富《とみ》をたくわえ、でっぷりと太《ふと》っていたマーガンディヤに、シッダールタはたずねた。

「アッサバ先生《せんせい》は、なぜ、来《こ》られなくなったのですか？」

すると、マーガンディヤは言《い》った。

「アッサバは、いろいろ問題《もんだい》があって、宮殿《きゅうでん》への出入《でい》りが禁《きん》じられたのです。王子《おうじ》が気《き》になさることではありません。」

それから、5本《ほん》の指《ゆび》一本《ぽん》一本《ぽん》に、高価《こうか》な指輪《ゆびわ》を光《ひか》らせている手《て》をふって、こう言《い》った。

「よいかな、王子《おうじ》。アッサバのような、かたよった考《かんが》えの者《もの》が言《い》ったことは、みなわすれてしまうことです。ああいう、バラモンとは思《おも》えない者《もの》の言《い》うことを聞《き》いてはなりませんぞ。王子《おうじ》は、ゆくゆくは、シャーキャ族《ぞく》の王《おう》となられるお方《かた》。ヴェーダの聖《せい》典《てん》は、王《おう》としてのつとめをはたすために学《まな》ぶのであって、われらのような司祭《しさい》となるために学《まな》ぶのではありません。おわかりかな？」

シッダールタがだまっていると、さらに、こう言《い》った。

「よいかな、王子《おうじ》。この国《くに》では、バラモンとよばれる、われらのような司祭《しさい》がいて、クシャトリヤとよばれる、王子《おうじ》のような王族《おうぞく》がいます。それから、バイシャとよばれる平民《へいみん》がいて、シュードラとよばれる、いちばん下《した》の身分《みぶん》である奴隷《どれい》がいます。生《う》まれながら、身分《みぶん》が定《さだ》められているのです。」

マーガンディヤは声《こえ》を強《つよ》めて、言《い》った。

「そもそも、この世《よ》のひとりひとりが、なぜ、そうした身分《みぶん》で生《う》まれたのか？それは前世《ぜんせ》のさだめなのですぞ。われらのようなバラモンや、王子《おうじ》のようなクシャトリヤは、先《さき》の世《よ》で、生《う》まれかわり、死《し》にかわりの輪廻転生《りんねてんしょう》をくりかえすなか、よいことを積《つ》みかさねていったからこそ、高貴《こうき》な身分《みぶん》に生《う》まれることができたのです。バイシャやシュードラは、前世《ぜんせ》の行《おこな》いがよくなかったから、ひくい身分《みぶん》に生《う》まれたのですぞ。」

前世《ぜんせ》と輪廻《りんね》か。

シッダールタは思《おも》った。

ほんとうに、わたしたちひとりひとりに、前世《ぜんせ》というものがあったのだろうか？

「よいかな、王子《おうじ》。そういうわけですから、この国《くに》に生《う》まれた者《もの》は、自分《じぶん》がどこに属《ぞく》しているか、身分《みぶん》をわきまえて、生《い》きなくてはなりません。王子《おうじ》は、高貴《こうき》な身分《みぶん》のクシャトリヤとしてお生《う》まれになったのですから、あくまでも、クシャトリヤとして、生《い》きなくてはならないのですぞ。」

そうなのだろうか？　わたしはずっとクシャトリヤとして、生《い》きなくてはならないのだろうか？

そう考《かんが》えながらも、シッダールタは、マーガンディヤの言葉《ことば》に、あえて、さからわなかった。

これまでシッダールタは、どの先生《せんせい》にも、けっして反抗《はんこう》することなく、聞《き》き分《わ》けのよい王子《おうじ》だった。それでも頭《あたま》の中《なか》で、「もしも、アッサバ先生《せんせい》にたずねたら、どうお答《こた》えになるのだろう？」と、シッダールタが考《かんが》えていると、マーガンディヤは言《い》った。

「よく、わかっていただけましたかな？　王子《おうじ》。」

シッダールタはだまって、うなずいた。

ものごとをひとつひとつ、深《ふか》く考《かんが》えながら成長《せいちょう》していったシッダールタは、14歳《さい》になったころ、ある言葉《ことば》について、考《かんが》えるようになった。

――おまえの魂《たましい》は、全世界《ぜんせかい》である。

それは、『サーマ・ヴェーダ』に書《か》かれている1行《ぎょう》の詩《し》だった。そのなぞめいた言葉《ことば》に、シッダールタは、心《こころ》をひかれたのだ。

「この言葉《ことば》は、どういうことを意味《いみ》しているのだろう？『おまえの魂《たましい》は、全世界《ぜんせかい》である。』というのは、つまり、『わたしの魂《たましい》は、そのまま全世界《ぜんせかい》を表《あらわ》している。』といっているのだろうか？」

シッダールタは考《かんが》えた。

父《ちち》のシュッドーダナ王《おう》がいそがしく政務《せいむ》にたずさわっているあいだ、シッダールタは宮殿《きゅうでん》の庭《にわ》へ出《で》た。すずしい木陰《こかげ》にすわって、その言葉《ことば》を、あらためてじっくりと考《かんが》えてみた。

「そもそも、魂《たましい》とは、どういうものなのだろう？　ヴェーダの教《おし》えでは、わたしたちの体《からだ》が死《し》んでも、わたしたちの『魂《たましい》』はなくならないと、されている……。」

シッダールタの目《め》の前《まえ》を、美《うつく》しい鳴《な》き声《ごえ》でさえずりながら、虹色《にじいろ》の鳥《とり》がとんでいった。シッダールタはそれをぼんやり見《み》やってから、ふたたび考《かんが》えはじめた。

「……けれど、もしも、わたしの魂《たましい》がそのまま全世界《ぜんせかい》だとするなら、わたしが死《し》んだら、この世界《せかい》は、どうなるのだろう？」

シッダールタは、風《かぜ》にさやさやとゆれている木《こ》の葉《は》を見《み》つめた。明《あか》るい日《ひ》ざしがふりそそいでいる庭《にわ》に目《め》をやり、遠《とお》くから聞《き》こえてくる笛《ふえ》の音《ね》などに耳《みみ》をすませた。視《し》線《せん》を遠《とお》くに投《な》げると、かなたに、白《しろ》い雪《ゆき》を積《つ》んだヒマラヤの山並《やまな》みが見《み》える。

「この世界《せかい》は、わたしが死《し》んでも、なくなりはしない。わたしがこの世界《せかい》からいなくなっても、世界《せかい》はかわらずに、ありつづけるだろう。……では、そのとき、わたしの魂《たましい》はどうなっているのか？」

シッダールタは目《め》をとじた。

「時《とき》が来《く》れば、わたしは死《し》ぬ。その運命《うんめい》をまぬがれることはできない。では、わたしが死《し》んだら、わたしの魂《たましい》はどこへ行《い》くのだろう……。」

それまで、シュッドーダナ王《おう》は、シッダールタがあれこれとなやんだり、苦《くる》しんだりしないで、毎日《まいにち》が楽《たの》しく、気持《きも》ちよくくらせるように、はからってきた。そして、シッダールタが「死《し》」について思《おも》いをめぐらせたりしないように、仕向《しむ》けてきた。

ところが、それにもかかわらず、シッダールタは、いつしか「死《し》」について、深《ふか》く考《かんが》えこむようになっていた。それは、ものごころがついたときに、母《はは》のマーヤーの

「死《し》」について、叔母《おば》のマハープラジャーパティから、聞《き》かされたときからだった。

ふたたび、虹色《にじいろ》の鳥《とり》が、鳴《な》き声《ごえ》をあげて、シッダールタの目《め》の前《まえ》をとんでいった。シッダールタは目《め》を開《ひら》いて、鳥《とり》がとんでいった先《さき》を見《み》やった。それから、あらためて思《おも》いをめぐらせた。

「わたしは母《はは》を知《し》らない。母《はは》はわたしを産《う》んで、7日目《なのかめ》にこの世《よ》を去《さ》っていったと、聞《き》かされた。では、母《はは》の魂《たましい》はどうなったのだろう？　目《め》に見《み》えない形《かたち》で、わたしの近《ちか》くをさまよっているのだろうか？　それとも、どこか、わたしの知《し》らない、はてしなく遠《とお》いところへ行《い》ってしまったのだろうか？」

こうして、「死《し》」と「魂《たましい》」について、シッダールタは考《かんが》えつづけた。しかし、考《かんが》えても、考《かんが》えても、わからないことばかりだった。

2 城《しろ》の外《そと》へ

見《み》知《し》らぬ少年《しょうねん》

その日《ひ》も、シッダールタは宮殿《きゅうでん》から庭《にわ》へ出《で》ていくと、お気《き》に入《い》りの場所《ばしょ》である、一本《ぽん》の大《おお》きなアシュヴァッタ樹《じゅ》（菩提樹《ぼだいじゅ》）のもとへ、歩《ある》いていった。そして、すずしい風《かぜ》がふいている木陰《こかげ》にすわった。目《め》をとじて、いつものように考《かんが》えはじめた。

「……わたしが死《し》んだら、わたしの魂《たましい》はどうなるのだろう？　ほんとうに、魂《たましい》はほろびることがないのだろうか？」

シッダールタが、その言葉《ことば》を小《ちい》さくつぶやいたときだった。樹《き》の上《うえ》で、からかうような声《こえ》がした。

「そんなこと、だれにもわからないさ。」

はっとして見上《みあ》げると、樹《き》の上《うえ》に、猿《さる》と見《み》まがうような少年《しょうねん》がいた。少年《しょうねん》はシッダールタと目《め》が合《あ》うと、にいっとわらった。そして、樹《き》の上《うえ》から、猿《さる》のような身軽《みがる》さで、ひょいととびおりてきた。

少年《しょうねん》は、樹《き》の上《うえ》でいちじくの実《み》を食《た》べていたのか、くちびるに果汁《かじゅう》がついていた。髪《かみ》がぼさぼさで、手足《てあし》が細《ほそ》く、やせていて、よごれた衣《ころも》を腰《こし》にまとっていた。

「だれだい、君《きみ》は。」

シッダールタは、たずねた。

「おいらかい。おいらは、ボンダッタというのさ。」

少年《しょうねん》はくちびるを手《て》でぬぐって、シッダールタに言《い》った。

「それで、君《きみ》の名《な》は？」

どうしよう？

シッダールタはすこし間《ま》をおいて、言《い》った。

「わたしは、シッダールタ。」

「ふうん。シッダールタというのかい、君《きみ》は。」

少年《しょうねん》は口《くち》をとがらせて、言《い》った。

「ねえ、君《きみ》。さっきから君《きみ》は、だれにもわからないことばかり、つぶやいているぜ。魂《たましい》がどうのとか、死《し》んだら、どうなるのか、とか。そんな、こむずかしいことを考《かんが》えても、しょうがないじゃないか。それよりさ、パンをおくれよ。おいらは、おなかがすいているんだ。」

「パンを？」

「そうさ。君《きみ》はこんなりっぱな宮殿《きゅうでん》に住《す》んで、うんと上等《じょうとう》そうな服《ふく》を着《き》ているから、きっと、高貴《こうき》な身分《みぶん》のクシャトリヤの子《こ》だろう。でもね、君《きみ》。毎日《まいにち》、おいしいものをはらいっぱい食《た》べている君《きみ》なんかとちがって、おいらはバリアの子《こ》だからね。パンどころか、パンくずさえ、食《た》べられないんだよ。」

「……バリア？」

シッダールタがたずねると、ボンダッタは言《い》った。

「君《きみ》、バリアを知《し》らないのかい？」

シッダールタはうなずいた。

このインドには、４つの階級制度《かいきゅうせいど》があることは、マーガンディヤに何度《なんど》も聞《き》かされていた。

いちばん上《うえ》とされているのは、僧侶階級《そうりょかいきゅう》である「バラモン」。２番目《ばんめ》は、シッダールタのような王族《おうぞく》・貴族《きぞく》・武士階級《ぶしかいきゅう》である「クシャトリヤ」。３番目《ばんめ》は、平民階級《へいみんかいきゅう》である「バイシャ」。最後《さいご》の４番目《ばんめ》は、奴隷階級《どれいかいきゅう》とされている「シュードラ」だ、と。

「バリアってのはね、シュードラよりも、さらに下《した》の身分《みぶん》の者《もの》さ。」

少年《しょうねん》は、手入《てい》れされていない長《なが》い爪《つめ》で、髪《かみ》をぼりぼりとかきむしって、言《い》った。

えっ？　シュードラよりもひくい身分《みぶん》があるのか。

シッダールタはおどろいた。

「ひどいだろう？　おいらたちは、奴隷以下《どれいいか》だとさげすまれ、のけものにされているんだぜ。」

ボンダッタはくやしそうに、言《い》った。

シッダールタは、ボンダッタを見《み》やって、ため息《いき》をついた。

知《し》らなかった。この世《よ》には、シュードラよりも下《した》とされている、バリア［1］とよばれる人《ひと》たちがいたのか……。

「けれど、おかしいよな。だって、どこで生《う》まれたかで、人《ひと》の身分《みぶん》が決《き》まってしまうなんて、ぜったい変《へん》だよ。変《へん》だ、変《へん》だ。おいらは、そんな、めちゃくちゃな身分制度《みぶんせいど》に、したがいたくはないや。」

ボンダッタは口《くち》をとがらせて、言《い》いつのった。

たしかに、そうだ。

シッダールタは思《おも》った。

いったい、なぜ、そんな身分制度《みぶんせいど》ができてしまったのか。バラモンの家《いえ》に生《う》まれたら、バラモンになり、クシャトリヤの家《いえ》に生《う》まれたら、クシャトリヤになる。バイシャの家《いえ》に生《う》まれたら、バイシャになり、シュードラの家《いえ》に生《う》まれたら、シュードラになる。さらに、バリアの家《いえ》に生《う》まれたら、バリアとなって、さげすまれる。どうして、そんなことがまかりとおっているのか……。

ボンダッタはたずねた。

「バリアを知《し》らないなら、君《きみ》は、おいらみたいな、バリアの子《こ》に会《あ》うのは、はじめてなのかい？」

「……うん。」

シッダールタは、王子《おうじ》として生《う》まれ、なに不自由《ふじゆう》のないくらしをしていることをとがめられている気持《きも》ちになって、力《ちから》なくうなずいた。

「そりゃあ、そうだろうな。」

ボンダッタはまわりを見《み》まわして、言《い》った。

[1] 現在《げんざい》のインドで「指定《してい》カースト」とよばれる階級《かいきゅう》に当《あ》たる。その起源《きげん》は紀元前《きげんぜん》6～5世紀《せいき》ごろにはあったといわれており、当時《とうじ》の呼《よ》び名《な》を本書《ほんしょ》では仮《かり》に「バリア」とした。

「バリアの子《こ》が、こんなりっぱな宮殿《きゅうでん》に出入《でい》りすることなんか、ぜったいにゆるされないからな。でも、おいらは、ちびで、すばしっこいからね。それに、だれにも見《み》つからないようにここに入《はい》る、秘密《ひみつ》の道《みち》を見《み》つけたんだ。その道《みち》を通《とお》って、この庭《にわ》にまぎれこんだのさ。けれど、護衛《ごえい》の兵《へい》に見《み》つかったら、ひどい目《め》にあわされるから、そうそう、ゆっくりはできない。」

それから、ボンダッタはせかした。

「ねえ、さっきから言《い》っているけど、おいらはおなかがすいているんだよ。ひどい目《め》にあう危険《きけん》をおかして、ここまでやってきたんだから、なにかおいしい食《た》べものを持《も》ってきておくれよ。君《きみ》が持《も》ってきてくれるまで、樹《き》の上《うえ》に登《のぼ》って、かくれているからさ。」

そう言《い》うと、ボンダッタは返事《へんじ》を待《ま》たず、するすると樹《き》に登《のぼ》って、葉《は》の間《あいだ》にかくれてしまった。

「たのむよ。」

樹《き》の上《うえ》から聞《き》こえてきたボンダッタの言葉《ことば》に、シッダールタはうなずいた。

「わかった。持《も》ってくるよ。」

シッダールタは護衛《ごえい》の兵《へい》に見《み》つからないように、庭《にわ》から宮殿《きゅうでん》に入《はい》った。大広間《おおひろま》を通《とお》り、食卓《しょくたく》に、山盛《やまも》りになっている食《た》べもののなかから、ふっくらとしたパンをひとつ、青《あお》いぶどうをひと房《ふさ》つかむと、それを衣《ころも》の下《した》にかくして、庭《にわ》にもどった。

「持《も》ってきたよ。」

シッダールタは樹《き》を見上《みあ》げて、言《い》った。

「ありがとう。君《きみ》はたよりになるな。」

そう言《い》うと、ボンダッタはふたたび猿《さる》のように樹《き》からとびおりてきた。そして、シッダールタから、パンとぶどうを引《ひ》ったくるように受《う》けとると、むしゃむしゃと、むさぼるように食《た》べはじめた。

「うん、うまい。なんてうまいパンだろう。この世《よ》に、こんなにうまいパンがあるなんて、知《し》らなかったな。」

ボンダッタがパンを食《た》べる速《はや》さに、シッダールタは目《め》を丸《まる》くした。

「君《きみ》、おどろくことはないさ。だって、すばやく食《た》べないと、すぐ、だれかにとられてしまうんだぜ。」

ボンダッタは、ごくんと、すべてをのみこんでから、言《い》った。

「君《きみ》みたいな、ありあまる食《た》べものに囲《かこ》まれて、ぜいたくなくらしをしているクシャトリヤの子《こ》には、わからないだろうけどね。」

その言葉《ことば》に、シッダールタは、自分《じぶん》のくらしぶりが責《せ》められているのを感《かん》じて、ばつの悪《わる》い思《おも》いをいだいた。

ボンダッタは言《い》った。

「ふう。おなかもいっぱいになったし。ねえ、君《きみ》。これから、おいらといっしょに、城《しろ》の外《そと》へ出《で》てみないかい？」

「えっ、外《そと》に？」

シッダールタはおどろき、しばらくためらってから、つぶやいた。

「……でも、わたしは、外《そと》に出《で》たことがない。」

「なぜ、出《で》たことがないんだい？」

シッダールタはうつむいた。

「出《で》るなって、言《い》われているし……。」

すると、ボンダッタはやせた両腕《りょううで》をいっぱいに広《ひろ》げて、言《い》った。

「そりゃあ、いけないなあ。魂《たましい》がどうのこうのって、むずかしいことばかり考《かんが》えている君《きみ》こそは、もっと広《ひろ》い世界《せかい》を知《し》るべきだぜ。城《しろ》の中《なか》だけじゃ、この広《ひろ》い世界《せかい》には、なにがあるのか、わからないだろう。さあ、行《い》こう。おいらはだれにも見《み》つからない秘密《ひみつ》の道《みち》を知《し》っているんだぜ。」

シッダールタは、ボンダッタにさそわれるがまま、護衛《ごえい》の兵《へい》たちに見《み》られないように、こっそりと、秘密《ひみつ》の道《みち》をたどった。

宮殿《きゅうでん》の庭《にわ》から、東《ひがし》の城門《じょうもん》へたどりつき、門《もん》から外《そと》へ出《で》たときだった。腰《こし》の曲《ま》がった、顔《かお》も手《て》も足《あし》もしわだらけの者《もの》たちが、よろめき、よろめき、おぼつかなく歩《ある》いていたのだ。それは、これまでシッダールタが見《み》たことのない者《もの》たちだった。

「……あんなに、よろよろしている人《ひと》たちがいるのか。」

思《おも》わずシッダールタがつぶやくと、ボンダッタが言《い》った。

「えっ、じゃあ、君《きみ》のまわりには、うんと年《とし》をとった、老人《ろうじん》っていう連中《れんちゅう》がいないのかい？」

老人《ろうじん》？　そうか、あのような人《ひと》たちを、老人《ろうじん》というのか。

シッダールタは書物《しょもつ》を読《よ》んだりして、その言葉《ことば》は知《し》っていたが、老人《ろうじん》というものを、はじめて目《め》にしたのだ。

「うん、わたしのまわりには、いなかった。」

シッダールタは首《くび》をふって、さらにつぶやいた。

「老人《ろうじん》を見《み》たことが、なかった……。」

「そりゃあ、君《きみ》、おかしいよ。」

ボンダッタが老人《ろうじん》たちを指《ゆび》さして、言《い》った。

「この世《よ》の中《なか》は、おいらたちみたいな子《こ》どもや、わかくて、元気《げんき》いっぱいの者《もの》たちだけじゃあ、ないんだぜ。それとおんなじくらい、たくさんの数《かず》の、年寄《としよ》りがいるんだぜ。」

「そう、だったんだね……。」

シッダールタは、ため息《いき》をついた。

「君《きみ》、年寄《としよ》りを見《み》たことがないなんて、すごく変《へん》な話《はなし》だぜ。だって、いいかい、いつかは君《きみ》だって、年《とし》をとって、よぼよぼの年寄《としよ》りになるんだぞ。いや、自分《じぶん》には関係《かんけい》ないことだ、自分《じぶん》はずっとわかいなんて、そんなこと、言《い》っていられないんだ。あ、もちろん、おいらも、そうさ。おいらだって、いつかは、よぼよぼの年寄《としよ》りになるのさ。」

ボンダッタの言葉《ことば》に、シッダールタは胸《むね》をつかれた。

そうだろうか？　いつかは、わたしも老人《ろうじん》となり、あんなふうに顔《かお》も手足《てあし》もしわだらけになり、腰《こし》が曲《ま》がって、足取《あしど》りもおぼつかなく、よろめきあるくようになるのだろうか？

想像《そうぞう》しただけでも、シッダールタはぞっとした。

そのとき、ボンダッタが言《い》った。

「あんまり外《そと》にいると、あぶないな。上等《じょうとう》の服《ふく》を着《き》た君《きみ》は、目立《めだ》つからな、そろそろ庭《にわ》にもどろう。」

シッダールタとボンダッタは、東《ひがし》の城門《じょうもん》から庭《にわ》にもどった。

「ねえ、君《きみ》。君《きみ》はいっぱい勉強《べんきょう》をしているようだけど、宮殿《きゅうでん》の中《なか》だけでくらしていて、世《よ》の中《なか》のことを、あんまり知《し》らないいんじゃないのかい？」

ボンダッタは歩《ある》きながら、シッダールタの顔《かお》をのぞきこんで、言《い》った。

「……そう、だね。」

シッダールタは顔《かお》を赤《あか》くして、うなずいた。ボンダッタに「君《きみ》は世《よ》の中《なか》を知《し》らない。」と言《い》われたことが、胸《むね》にこたえたのだ。

「ようし、それじゃあ、こうしよう。君《きみ》にもっと広《ひろ》い世界《せかい》を知《し》ってもらうために、明日《あした》は、南《みなみ》の城門《じょうもん》へつれていってあげよう。」

ボンダッタは南《みなみ》の方角《ほうがく》を指《ゆび》さして、言《い》った。

「明日《あした》も、おいらはあの庭《にわ》の樹《き》の上《うえ》に登《のぼ》っているからさ。君《きみ》は、おいらのために、パンを持《も》ってくるんだ。いいかい、これはおいらと君《きみ》との、かたい約束《やくそく》だぜ。」

「うん。」

シッダールタがうなずくと、ボンダッタは、木陰《こかげ》から木陰《こかげ》へと、たくみに身《み》をかくしながら、足音《あしおと》も立《た》てずに、走《はし》っていった。ボンダッタが庭《にわ》から姿《すがた》を消《け》したあと、シッダールタも歩《ある》きだした。

なんということだろう……。

宮殿《きゅうでん》にもどる回廊《かいろう》で、シッダールタは考《かんが》えた。

この世《よ》には、バリアとよばれる、パンも満足《まんぞく》に食《た》べられない、しいたげられた、まずしい人《ひと》たちがいるのだ……。いや、それだけじゃあない。うんと年《とし》をとって、歩《ある》くことさえもおぼつかない人《ひと》たちがいる。わたしは、そうしたことをまったく知《し》らないままに、生《い》きてきたのか……。

考《かんが》えこんで、うつむきあるいているシッダールタを見《み》かけて、叔母《おば》のマハープラジャーパティが声《こえ》をかけた。

「おや、シッダールタ、どうかしたのですか？　こまっているようなお顔《かお》をしているけれど……。」

シッダールタは目《め》をふせて、急《いそ》いで首《くび》をふった。

「いいえ、どうもしません、叔母上《おばうえ》。」

このとき、シッダールタは、外《そと》の世界《せかい》を見《み》たことで生《う》まれた心《こころ》の混乱《こんらん》を、叔母《おば》には知《し》られたくなかった。

「そう。それなら、いいけれど。」

マハープラジャーパティはシッダールタをやさしく見《み》つめて、言《い》った。

「庭《にわ》でたったひとり、長《なが》いことすごすのは、考《かんが》えものですよ。つめたい風《かぜ》に当《あ》たりすぎて、風邪《かぜ》をひいてしまいますからね。」

病人《びょうにん》と死人《しにん》

あの少年《しょうねん》は、いるのだろうか?

あくる日《ひ》の午後《ごご》、シッダールタは衣《ころも》の下《した》にパンとぶどうをかくして、庭《にわ》に出《で》た。

昨日《きのう》と同《おな》じアシュヴァッタ樹《じゅ》のもとへ行《い》くと、ボンダッタが、上《うえ》からとびおりてきた。

「ありがとう、君《きみ》。約束《やくそく》を守《まも》ってくれたんだね。」

ボンダッタはパンとぶどうをむさぼるように食《た》べると、すぐにシッダールタの手《て》を引《ひ》いて、歩《ある》きだした。

「さあ、行《い》こう。今日《きょう》は、南《みなみ》の城門《じょうもん》だよ。」

シッダールタとボンダッタは南《みなみ》の城門《じょうもん》を出《で》た。すると、門《もん》のすぐ近《ちか》くの道《みち》ばたに、うずくまって、うめき、苦《くる》しんでいる人《ひと》たちが、たくさんいた。ぼろをまとって、体《からだ》をがたがたとふるわせている人《ひと》もいた。

「あの人《ひと》たちは……。」

シッダールタが、おずおずとたずねると、ボンダッタは言《い》った。

「病人《びょうにん》さ。じゃあ、君《きみ》は病人《びょうにん》を見《み》たことがないのかい？　もしかして、君《きみ》のまわりには、病人《びょうにん》が、まったくいないのかい？」

「うん……。」

シッダールタは顔《かお》を赤《あか》くして、うなずいた。

そうだ。なぜか、わたしのまわりには、こんなふうに病《や》んでいる人《ひと》がいない……。

「そりゃあ、おかしいよ。」

ボンダッタが病人《びょうにん》たちを指《ゆび》さして、言《い》った。

「そりゃあ、君《きみ》の住《す》んでいる、りっぱな宮殿《きゅうでん》には、健康《けんこう》な者《もの》ばかりで、病人《びょうにん》が見《み》あた

らないのかもしれないよ。けれど、この世《よ》には、数《かぞ》えきれないほど、たくさんの病人《びょうにん》がいるんだぜ。」

シッダールタはため息《いき》をついて、つぶやいた。

「知《し》らなかった、そんなに病人《びょうにん》がたくさんいるなんて……。」

「いる、いる。病人《びょうにん》なんて、うんざりするくらい、いっぱいいる。それが、世《よ》の中《なか》ってものさ。まあ、君《きみ》は、なに不自由《ふじゆう》なく、ぜいたくなくらしをしているから、そんなことも知《し》らなかったんだな。」

シッダールタは、ボンダッタに言葉《ことば》を返《かえ》すことができずに、うつむいた。

「そりゃあ、いまの君《きみ》は健康《けんこう》そのものさ。でもね、いつかは君《きみ》も、重《おも》い病《やまい》にかかるかもしれないんだぜ。病人《びょうにん》になって、うんうん苦《くる》しむかもしれないんだぜ。」

ボンダッタの言葉《ことば》に、シッダールタはおののいた。

わたしも重《おも》い病《やまい》にかかることがあるのだろうか？　あんなふうに、がたがたと体《からだ》をふるわせたり、うめいたりして、苦《くる》しむことがあるのだろうか？

「ようし、そんなら君《きみ》は、もっともっと世《よ》の中《なか》のことを知《し》らなきゃいけないな。じゃあ、明日《あした》は、西《にし》の城門《じょうもん》へ行《い》ってみよう。」

ボンダッタは口《くち》に手《て》をやり、食《た》べるしぐさをして、言《い》った。

「おっと、わすれちゃいけないよ。明日《あした》も、君《きみ》は、おいらのために、おいしいパンを持《も》ってくるんだぜ。きっとだよ。約束《やくそく》だぜ。」


シッダールタは、とぼとぼとうつむいて庭《にわ》を通《とお》り、回廊《かいろう》を歩《ある》き、宮殿《きゅうでん》にもどった。自分《じぶん》の部屋《へや》へ行《い》き、机《つくえ》の上《うえ》においてある書物《しょもつ》を開《ひら》いた。

それらは、これまで、シッダールタの心《こころ》を楽《たの》しませ、よろこびと安《やす》らぎをあたえてくれた書物《しょもつ》だった。しかし、今日《きょう》、そこに書《か》かれている文字《もじ》は、シッダールタの目《め》に、すんなりと入《はい》ってこなかった。

わたしはなんにも知《し》らなかったのだ……。

シッダールタは書物《しょもつ》から目《め》をあげて、考《かんが》えた。昨日《きのう》は、うんと年《とし》をとった人《ひと》たちを見《み》て、今日《きょう》は、病《やまい》に苦《くる》しんでいる人《ひと》たちを見《み》た。この宮殿《きゅうでん》にはいない、老人《ろうじん》や病人《びょうにん》たちが、この世《よ》にはたくさんいることを、わたしはまるで知《し》らなかった。

シッダールタは、胸《むね》が苦《くる》しくなるような思《おも》いで、つぶやいた。

「いいのだろうか？　ちゃんと食《た》べることもできないまずしい人《ひと》や、病《やまい》に苦《くる》しんでいる人《ひと》たちが、世《よ》の中《なか》にはたくさんいるのに、わたしは、こんな、ぜいたくで豊《ゆた》かなくらしをしていて、いいのだろうか？」

あくる日《ひ》、シッダールタは、ボンダッタにつれられて、西《にし》の城門《じょうもん》を出《で》た。

すると、門《もん》の外《そと》には、棒切《ぼうき》れが放《ほう》りだされているかのように、地《じ》べたに転《ころ》がっている人《ひと》たちがいた。かれらは、ぴくりとも動《うご》かず、その体《からだ》からは、いやなにおいがして、まわりには、蠅《はえ》がたかっていた。裸《はだか》の全身《ぜんしん》に、びっしりと白《しろ》い小《ちい》さな虫《むし》がわいている者《もの》もいた。

「あれは……。」

シッダールタは、あまりのすさまじさに鼻《はな》をつまみ、目《め》をそむけるようにして、つぶやいた。

「死《し》んでいるのさ。」

ボンダッタは死人《しにん》たちを指《ゆび》さして、言《い》った。

「そんなにおどろくなんて、じゃあ、君《きみ》は死《し》んだ人《ひと》を、いままで見《み》たことがなかったのかい？」

シッダールタは茫然《ぼうぜん》として、うなずいた。

「いいかい、君《きみ》。この世《よ》では、毎日《まいにち》、毎日《まいにち》、たくさんの人《ひと》が死《し》んでいるんだぜ。その数《かず》があまりにも多《おお》いから、ろくに埋葬《まいそう》もされないまま、あんなふうに、地《じ》べたにすてられているんだ。」

シッダールタは、おそるおそる、死人《しにん》たちを見《み》やった。

これが、「死《し》」なのか。見《み》るもおそろしく、おぞましい、現実《げんじつ》の「死《し》」なのか。見《み》るだけで、体《からだ》がふるえて、やまなかった。

血《ち》の気《け》をうしなって青《あお》ざめているシッダールタに、ボンダッタは言《い》った。

「君《きみ》の宮殿《きゅうでん》では、死人《しにん》が見《み》あたらないのかもしれないけど、世《よ》の中《なか》は、そうじゃないんだぜ。人《ひと》はね、死《し》ぬんだよ。君《きみ》もおいらも、いつかは、かならず死《し》ぬんだぜ。いいかい、人《ひと》はいつか、かならず死《し》ぬんだ。」

シッダールタはぞっとした。

死《し》ぬのか？　わたしも、あんなふうに死《し》ぬのだろうか？

シッダールタは谷底《たにぞこ》につきおとされたような、暗《くら》い気持《きも》ちになった。「死《し》」について、あれこれと考《かんが》えたことはあったが、このような、ぞっとするほど無惨《むざん》な、ありのままの「死《し》」を見《み》たのは、はじめてだったからだ。

あの、地《じ》べたで死《し》んでいる人《ひと》たちの魂《たましい》は、どうなっているのだろう？　あのおぞましい体《からだ》からはなれて、どこかをさまよっているのだろうか？

うつむいて落《お》ちこんでいるシッダールタを、ボンダッタは手《て》を引《ひ》いて、城門《じょうもん》から庭《にわ》につれもどした。そして、しっかりとした声《こえ》で言《い》った。

「それじゃあ、明日《あした》は、北《きた》の門《もん》へ行《い》ってみようか。明日《あした》も、おいらは庭《にわ》の樹《き》の上《うえ》で待《ま》っているからさ。パンを持《も》ってきてくれよ。いいね、シッダールタ。」

シッダールタは、言葉《ことば》もなく、うなずいた。

自分《じぶん》の部屋《へや》にもどったシッダールタは、やわらかな絨毯《じゅうたん》がしかれている床《ゆか》の上《うえ》に、うつぶせになった。頭《あたま》をかかえて、うなった。

わたしは、あまりにも無知《むち》だった。人《ひと》は、かならず「老《お》いる」ということを、考《かんが》えなかった。人《ひと》は、「病《やまい》にかかる」のだということを、考《かんが》えなかった。そして、人《ひと》は、「いつかは死《し》ぬ」ということを、考《かんが》えなかった……。

ああ、なんということか。まるでわたしは、目《め》をそむけ、耳《みみ》をふさいでいたかのように、この世《よ》のおそろしい現実《げんじつ》から、かけはなれたところで、くらしていたのか。ボンダッタにつれられ、城《しろ》から、たった一歩《いっぽ》だけ、出《で》たところに広《ひろ》がっている世界《せかい》は、わたしがこれまで、まったく知《し》らない世界《せかい》だったのだ……。

シッダールタは起《お》きあがって、床《ゆか》にすわりこんだ。くちびるをかみ、胸《むね》をこぶしでたたいて、考《かんが》えた。

ああ、わたしは、どうすればいいのだろう。こんなふうにくらしていても、いいのだろうか。

シッダールタは、はげしく首《くび》をふった。

いや、いけない。わたしは、こんなふうに生《い》きていては、いけないのだ。では、どうすればいいのか。わたしは、これから、どう生《い》きていけばいいのか？

そのとき、部屋《へや》にマハープラジャーパティが入《はい》ってきた。

「なにか、あったのですか？　シッダールタ。」

マハープラジャーパティは、いつもとまったくようすのちがうシッダールタを見《み》て、心配《しんぱい》そうにたずねた。

「どうして、そんな暗《くら》い顔《かお》で、ふさぎこんでいるのですか？」

どうしよう？

いまのわたしの気持《きも》ちを、どうつたえたら、いいのだろう？

シッダールタはうつむき、しばらく考《かんが》えてから、顔《かお》をあげて、思《おも》いきって言《い》った。

「叔母上《おばうえ》、先《さき》ごろ、わたしは東《ひがし》の城門《じょうもん》を出《で》たところで、腰《こし》の曲《ま》がった、よろめきあるいている老人《ろうじん》たちを見《み》ました。」

マハープラジャーパティは、はっと息《いき》を止《と》めて、シッダールタを見《み》やった。

「叔母上《おばうえ》、人《ひと》はなぜ、あのように老《お》いてしまうのでしょう？　なぜ、いつまでもわかくいられないのでしょう？」

「それは……。」

マハープラジャーパティが、その問《と》いに答《こた》えられないでいると、シッダールタは、さらに言《い》った。

「先《さき》ごろ、南《みなみ》の城門《じょうもん》を出《で》たときは、道《みち》ばたにうずくまっている病人《びょうにん》たちを見《み》ました。叔母上《おばうえ》、人《ひと》は、なぜ病気《びょうき》になってしまうのでしょう？」

マハープラジャーパティは、返答《へんとう》にこまって、口《くち》ごもった。

「なぜ、人《ひと》は病気《びょうき》になるのかって、それは……。」

シッダールタは、答《こた》えを待《ま》たずに、言《い》った。

「西《にし》の城門《じょうもん》を出《で》たときには、埋葬《まいそう》もされずに、道《みち》ばたに放《ほう》りだされている死人《しにん》たちを見《み》ました。おそろしい死《し》が、目《め》の前《まえ》に広《ひろ》がっていました。叔母上《おばうえ》、人《ひと》はだれしも、あのように死《し》んでいくのでしょうか？」

マハープラジャーパティは深《ふか》いため息《いき》をついてから、言《い》った。

「そうですよ、シッダールタ。死《し》の運命《うんめい》をまぬがれることができる人《ひと》は、この世《よ》にいません。そなたの母上《ははうえ》であり、わたしの姉上《あねうえ》であるマーヤーも、そうした運命《うんめい》のままに、死《し》んでいったのですよ。」

母《はは》のことを聞《き》くと、シッダールタは顔《かお》をくもらせた。

母上《ははうえ》……。

自分《じぶん》を産《う》んで、すぐにこの世《よ》を去《さ》った母《はは》マーヤーのことを思《おも》うと、シッダールタは、たまらなくつらく、悲《かな》しい気持《きも》ちになった。

わたしの母上《ははうえ》……。

シッダールタはうつむいた。母《はは》を思《おも》うと、なみだがこみあげてきた。泣《な》くまいと、シッダールタは、じっとこらえた。

マハープラジャーパティが部屋《へや》を出《で》ていったあと、シッダールタは思《おも》った。

この世《よ》の悲《かな》しみのなかで、もっとも悲《かな》しいのは、「死《し》」ではないのか。大切《たいせつ》な命《いのち》が消《き》えていく「死《し》」。それは、この世《よ》のすべての人《ひと》が通《とお》らなくてはならない道《みち》であり、さけられない運命《うんめい》だ。「死《し》」によって、愛《あい》する人《ひと》とわかれること、「死《し》」によって、自《じ》分《ぶん》がこの世《よ》とわかれていくこと、それが、人《ひと》にとっては、もっとも、悲《かな》しいことではないのか？

シッダールタは、考《かんが》えた。

けれど、なぜ、人《ひと》は「死《し》」の悲《かな》しみを味《あじ》わわなければならないのか？　人《ひと》はどうしても、その悲《かな》しみを受《う》けいれなくてはならないのだろうか？　その悲《かな》しみをのりこえる方法《ほうほう》はないのだろうか？

シュラマナに出会《であ》う

あくる日《ひ》、シッダールタは衣《ころも》の下《した》にパンとぶどうをかくして、庭《にわ》へ出《で》た。いつものように、大《おお》きなアシュヴァッタ樹《じゅ》の根《ね》もとにすわった。

しかし、これまでとは、なにかようすがかわっていた。いつもなら、すぐにとびおりてくるはずの、ボンダッタがいなかったのだ。

「どうしたのだろう、ボンダッタは……。」

樹《き》を見上《みあ》げたあと、シッダールタはしばらく待《ま》った。しかし、ボンダッタは姿《すがた》をあらわさなかった。

「なぜ、ボンダッタは来《き》ていないのだろう。どうしよう……。」

シッダールタはつぶやいた。

「今日《きょう》は、北《きた》の城門《じょうもん》へ行《い》くはずなのに。」

しばらく考《かんが》えたあと、シッダールタは立《た》ちあがった。

「しかたない。ひとりで行《い》ってみよう。」

パンとぶどうを樹《き》の陰《かげ》において、シッダールタは庭《にわ》を通《とお》って、だれにも見《み》つからないように、北《きた》の城門《じょうもん》まで歩《ある》いていった。


そうっと、あたりを見《み》まわして、北《きた》の城門《じょうもん》を出《で》たときだった。

目《め》の前《まえ》を、ひとりの僧侶《そうりょ》が通《とお》りすぎていったのだ。しかし、その僧侶《そうりょ》は、宮殿《きゅうでん》に多《おお》く出入《でい》りしている、金銀《きんぎん》の鎖《くさり》を首《くび》にかけ、美麗《びれい》な耳輪《みみわ》をつけて、いかにも「自分《じぶん》たちはえらいぞ。」とふんぞりかえっているバラモン司祭《しさい》とは、まるでちがっていた。

身《み》なりがひどくみすぼらしく、粗末《そまつ》な鉢《はち》をひとつ、手《て》にたずさえているばかりだった。しかし、頭《あたま》を青《あお》くそりあげた顔《かお》には、おごりたかぶったところがひとつもなく、すがすがしい表情《ひょうじょう》がたたえられていた。

「おわかい方《かた》、ごきげんよう。」

僧侶《そうりょ》は、シッダールタをみとめてほほえみ、あいさつした。

「お坊《ぼう》さま。ごきげんうるわしゅう。」

シッダールタもあいさつした。

「おわかい方《かた》、わたくしに、お布施《ふせ》をいただけませんか?」

僧侶《そうりょ》は鉢《はち》をさしだして、言《い》った。

しまった。なにも持《も》ち合《あ》わせがないぞ。ボンダッタにやるはずの、あのパンを持《も》ってくればよかった。そう後悔《こうかい》しながら、シッダールタは首《くび》をふった。

「すみません。いまは、なにも持《も》ちあわせておりません。」

僧侶《そうりょ》は鉢《はち》を引《ひ》っこめて、ゆっくりと首《くび》をふった。

「よいのです。あやまっていただくことなど、なにひとつありません。」

僧侶《そうりょ》はつつましい声《こえ》で、シッダールタに言《い》った。

「それでは、おわかい方《かた》。こうやってお会《あ》いしたからには、いずれまた、どこかでお会《あ》いすることも、あるかもしれませんね。」

僧侶《そうりょ》が立《た》ちさろうとしたとき、シッダールタはたずねた。

「もしや、あなたは、バラモン僧《そう》のお方《かた》なのですか？　わたしがいつも見《み》ているバラモンの人《ひと》たちと、ずいぶんちがうけれど。」

僧侶《そうりょ》はほほえんで、言《い》った。

「わたくしは、バラモン僧《そう》ではありません。シュラマナ（沙門《しゃもん》）です。」

「シュラマナ？」

「なにももたず、托鉢《たくはつ》して歩《ある》く修行僧《しゅぎょうそう》のことを、そういうのです。わたくしたちシュラマナは、すべてをすてて、日《ひ》に1回《かい》の食事《しょくじ》を托鉢《たくはつ》であたえていただき、それを食《た》べて、あちこちをさまよいながら、修行《しゅぎょう》しているのです。」

「……すべてを、すてて？」

「ええ、これまでもっていたものをすべてすてて、修行《しゅぎょう》に身《み》をささげているのです。」

もっていたものをすべてすてて、修行《しゅぎょう》する？

シッダールタは、衝撃《しょうげき》を受《う》けた。

まさか、そんな生《い》き方《かた》があったのか！

シッダールタはあらためて、シュラマナを見《み》つめて、たずねた。

「でも、なんのために、すべてをすてるのですか？」

シッダールタがたずねると、シュラマナは言《い》った。

「悟《さと》りを得《え》るためです。」

「悟《さと》り、とは？」

シュラマナはほほえんだ。

「それが得《え》られれば、いちばん大切《たいせつ》なことがわかるのです。だから、それを得《え》たいとのぞんでいるのです。」

いちばん、大切《たいせつ》なこと？

シッダールタは、胸《むね》をつかれて、考《かんが》えこんだ。

わたしにとって、それはなんだろう？

「いちばん、大切《たいせつ》なことって……。」

シッダールタがうつむいて、つぶやくと、シュラマナが言《い》った。

「わたくしにとって、この世《よ》でいちばん大切《たいせつ》なことは、悟《さと》りを得《え》ることです。なぜ、悟《さと》りを得《え》たいのか？　そう、おたずねになるのなら、こう、お答《こた》えします。悟《さと》りを得《え》ることができれば、わかるからです。自分《じぶん》が、この世《よ》になぜ生《う》まれてきたのか？　なぜ生《い》きているのか？　なぜ死《し》んでいくのか？　それらがわかるからです。」

シッダールタは、茫然《ぼうぜん》として、その言葉《ことば》を聞《き》いた。

――悟《さと》りを得《え》ることができれば、わかるからです。自分《じぶん》が、この世《よ》になぜ生《う》まれてきたのか？　なぜ生《い》きているのか？　なぜ死《し》んでいくのか？　それらがわかるからです……。

その言葉《ことば》は、シッダールタの胸《むね》に、深《ふか》くしみていった。

「それが、悟《さと》り、なのですか？」

「ええ、それが、わたくしにとっての悟《さと》りです。しかし、悟《さと》りを得《え》ることは、かんたんではありません。どんなに修行《しゅぎょう》しても、得《え》られないかもしれないのです。それこそ、一生《いっしょう》、たゆまずに修行《しゅぎょう》しても、悟《さと》りを得《え》られないままで終《お》わるかもしれないのです。」

そう言《い》ったあと、シュラマナは視線《しせん》を遠《とお》くに投《な》げた。

「けれど、わたくしはそれでもかまわないと思《おも》っています。悟《さと》りを得《え》ようと、毎日修《まいにちしゅ》行《ぎょう》するのが、わたくしのつとめだからです。」

シュラマナは正面《しょうめん》からシッダールタを見《み》つめた。

「それでは、おわかい方《かた》、いつかまたお会《あ》いいたしましょう。」

そう言《い》うと、シュラマナは立《た》ちさろうとした。

「待《ま》ってください。」

シッダールタはシュラマナを引《ひ》きとめて、言《い》った。

「わたしの名《な》は、シッダールタといいます。シュラマナさまのお名前《なまえ》は、なんといわれますか？」

シュラマナは静《しず》かにほほえんだ。

「おわかい方《かた》は、シッダールタといわれるのですね。言《い》いおくれましたが、わたくしの名《な》は、ヴァンギーサと申《もう》します。」

ヴァンギーサはシッダールタに一礼《いちれい》して、その場《ば》をはなれていった。

「そうか。ヴァンギーサさんにとって、いちばん、大切《たいせつ》なことは、悟《さと》りを得《え》るということなのか……。」

シッダールタは北《きた》の城門《じょうもん》からはなれて、宮殿《きゅうでん》の庭《にわ》を歩《ある》いていきながら、自分《じぶん》に言《い》いきかせるように、つぶやいた。

「できるのなら、わたしも、それを知《し》りたい。自分《じぶん》がこの世《よ》になぜ生《う》まれてきたのか？　なぜ生《い》きているのか？　なぜ死《し》んでいくのか？　それが、もしもわかるのなら、それをぜひ、わたしも知《し》りたい。」

このとき、シッダールタは思《おも》った。

「わたしも、修行《しゅぎょう》したい。いますぐにでも、すべてをすてて、修行《しゅぎょう》したい。」

そう思《おも》うと、いても立《た》ってても、いられないような気持《きも》ちになった。シッダールタは空《そら》を見上《みあ》げて、つぶやいた。

「いつの日《ひ》か、そういう日《ひ》が、来《く》る。悟《さと》りを得《え》るために、あのシュラマナのように、すべてをすてて、修行《しゅぎょう》の旅《たび》に出《で》る日《ひ》が、わたしにも、きっとやってくる……。」

思《おも》いをめぐらせる場所《ばしょ》として、いつもすわっていたアシュヴァッタ樹《じゅ》の下《した》へ行《い》くと、先《さき》ほどおいたはずのパンとぶどうがなくなっていた。

「ない。どうして、ないのか？　もしや、ボンダッタが来《き》たのだろうか？」

しかし、見上《みあ》げても、樹《き》の上《うえ》には、その姿《すがた》はなかった。庭《にわ》を見《み》まわしても、姿《すがた》は見《み》つからなかった。

「ボンダッタ！」

シッダールタは樹《き》の上《うえ》によびかけた。

「君《きみ》は、どこに行《い》ったんだい！　わたしは、今日《きょう》、北《きた》の城門《じょうもん》へ行《い》ってみたんだよ。そこで、不思議《ふしぎ》なシュラマナに会《あ》ったんだよ！」

シッダールタの声《こえ》におどろいたように、樹《き》の上《うえ》から数羽《すうわ》の鳥《とり》がとびたった。とんでいく鳥《とり》たちを見《み》ながら、シッダールタは思《おも》った。

あのシュラマナに会《あ》ったのは、わたしの運命《うんめい》だったのだ。これから、わたしがどう生《い》きればいいのか、それを示《しめ》す運命《うんめい》の出会《であ》いだったのだ。

ヤショーダラー姫《ひめ》との結婚《けっこん》

いっぽう、マハープラジャーパティは、シュッドーダナ王《おう》に、相談《そうだん》した。

「シッダールタが、こんなことを言《い》いました。城門《じょうもん》を出《で》て、老人《ろうじん》に出会《であ》い、病人《びょうにん》に出《で》会《あ》い、死人《しにん》に出会《であ》った、と。」

「なに？」

シュッドーダナ王《おう》はおどろいて、言《い》った。

「それは、まことか？」

「はい、そのことで、シッダールタは、ふさぎこんでしまいました。なにか思《おも》いなやんでいるようなのです。」

「それは、いけない。」

シュッドーダナ王《おう》は、強《つよ》く首《くび》をふって、つぶやいた。

「わしは、シッダールタに、この世《よ》の苦《くる》しみや悲《かな》しみを、できるだけ知《し》らせないようにしてきた。それなのに、いつのまにか、それらを知《し》ってしまったとは……。」

「ええ、そうなのです。」

シュッドーダナ王《おう》は頭《あたま》を両手《りょうて》でかかえて、うめいてから、つぶやいた。

「アシタ仙人《せんにん》さまが予言《よげん》されたように、シッダールタが城《しろ》をすてて、出《で》ていかないようにしなくてはなるまい。シッダールタは、わしのあとをついで、シャーキャ族《ぞく》の王《おう》とならねばならないのだから……。そうであろう、マハープラジャーパティよ。」

マハープラジャーパティはうなずいた。

「では、どういたしましょうか？」

シュッドーダナ王《おう》は顔《かお》をあげて、言《い》った。

「そうだ。いま、いい考《かんが》えがうかんだぞ。」

「王《おう》さま、どんな名案《めいあん》がうかばれたのですか？」

シュッドーダナ王《おう》は、言《い》った。

「シッダールタを結婚《けっこん》させるのだ。」

「結婚《けっこん》？」

「そうだ。これしかない。結婚《けっこん》して、かわいい子《こ》が生《う》まれたら、シッダールタも気持《きも》ちが落《お》ちつくにちがいない。そうしたら、城《しろ》を出《で》ていくこともないだろう。」

マハープラジャーパティはほほえんだ。

「そうですね。そうなれば、シッダールタも城《しろ》にとどまることでしょう。」

「うむ。シッダールタにふさわしい娘《むすめ》を、さがすとしよう。」

こうして、シュッドーダナ王《おう》は多《おお》くの国《くに》に人《ひと》をやり、シッダールタにふさわしい相《あい》手《て》をさがした。

そして、同《おな》じシャーキャ族《ぞく》の娘《むすめ》である、14歳《さい》のヤショーダラーを見《み》つけた。

ヤショーダラーは、シャーキャ族《ぞく》の娘《むすめ》たちのなかでも、きわだって美《うつく》しく、気《き》立《だ》てもやさしい、という評判《ひょうばん》を聞《き》いて、シュッドーダナ王《おう》は決《き》めた。

「うむ。その娘《むすめ》なら、シッダールタも、きっと気《き》に入《い》るにちがいない。」

シュッドーダナ王《おう》は、ヤショーダラーをカピラヴァストゥの城《しろ》にまねいた。

まっすぐの黒髪《くろかみ》が腰《こし》にまで長《なが》くたれ、瞳《ひとみ》がすみきって、きらきらとかがやいているヤショーダラーがあらわれたとき、シュッドーダナ王《おう》も、マハープラジャーパティも、おどろいた。

「なんと、死《し》んだマーヤーによく似《に》ているではないか。」

シュッドーダナ王《おう》がつぶやくと、マハープラジャーパティもうなずいた。

「ええ、そういえば、どこかに姉上《あねうえ》のおもざしが……。」

シッダールタとヤショーダラーは、
春《はる》のさわやかな日《ひ》ざしがふりそそいでいる日《ひ》、
はじめて顔《かお》を合《あ》わせた。

「シッダールタよ。」

シュッドーダナ王《おう》はにこにこしながら、ヤショーダラーを紹介《しょうかい》した。

「そなたの妃《きさき》となる、ヤショーダラー姫《ひめ》じゃ。」

シッダールタは、はっと息《いき》をのんだ。

一瞬《いっしゅん》、不思議《ふしぎ》な思《おも》いにかられたのだ。はじめて会《あ》ったにもかかわらず、なぜか、
ずっと昔《むかし》から、ヤショーダラーを知《し》っていたような気《き》がしたのである。

「シッダールタ王子《おうじ》さま、ヤショーダラーでございます。」

ヤショーダラーは、はじらいがちに、あいさつした。そのすみきった声《こえ》に、シッ

ダールタは胸《むね》をつかれた。

この声《こえ》は……。

シッダールタは、その声《こえ》に、聞《き》きおぼえがあるような気《き》がした。それは遠《とお》い日《ひ》に、まぼろしのように聞《き》いた、愛情《あいじょう》にみちた、なつかしい、やさしい声《こえ》に感《かん》じられたのだ。

マハープラジャーパティが、シッダールタに言《い》った。

「シッダールタ王子《おうじ》よ、ヤショーダラー姫《ひめ》に声《こえ》をかけてさしあげなさい。」

シッダールタは表情《ひょうじょう》をかたくして、言《い》った。

「わたしが、シッダールタです。どうぞ、よろしく。」

シュッドーダナ王《おう》がわらった。

「ヤショーダラーのあまりの美《うつく》しさに、かたくなっておるのかな、シッダールタよ。」

マハープラジャーパティが言《い》った。

「王《おう》さま、シッダールタ王子《おうじ》をおからかいになってはなりませんよ。」

「おう、そうであった。すまなかった、シッダールタ。ふたりを見《み》ていると、つい、うれしくなってな。王子《おうじ》よ、からかったわしを、ゆるしてくれ。」

シュッドーダナ王《おう》は上《じょう》きげんだった。

よし、よし。この結婚《けっこん》は、うまくいく。シッダールタは、ヤショーダラーを妃《きさき》にむかえれば、城《しろ》をすてて出《で》ていくことなど、けっして考《かんが》えるまい。

「ゆるすも、ゆるさないも、ありません。わたしは、父上《ちちうえ》のお決《き》めになった結婚《けっこん》に、さからうことなど、いたしません。」

シッダールタはそう言《い》って、あらためて、ヤショーダラーを見《み》やった。

ヤショーダラーはシッダールタに見《み》つめられて、ほおをそめて、うつむいた。

父上《ちちうえ》の言《い》われるとおりだ。シッダールタは思《おも》った。ヤショーダラーは、きわだって美《うつく》しく、その姿《すがた》は、これまで会《あ》った娘《むすめ》たちのなかで、もっともかがやいていたのだ。

けれど、わたしは、ほんとうに、この姫《ひめ》と結婚《けっこん》してもいいのだろうか？

シッダールタは、内心《ないしん》、ヤショーダラーとの結婚《けっこん》に、ためらいをおぼえていた。

もしも、この姫《ひめ》と結婚《けっこん》すれば、わたしはきっと姫《ひめ》を深《ふか》く愛《あい》するようになるだろう。もはやはなれがたくなるほどに、姫《ひめ》を愛《あい》し、姫《ひめ》もわたしを愛《あい》するだろう。そして、わたしたちの間《あいだ》には、深《ふか》い愛情《あいじょう》ときずなが生《しょう》じるにちがいない……。

シッダールタは、心《こころ》が波立《なみだ》つような苦《くる》しい思《おも》いで、考《かんが》えた。

わたしはいつか、悟《さと》りを得《え》るために、すべてをすてて、城《しろ》を出《で》ていくつもりではないのか？　心《こころ》の中《なか》で、そう決《き》めているのでは、ないのか？　シッダールタよ、もしやおまえは、愛情《あいじょう》ときずなにしばられて、出家《しゅっけ》をあきらめるつもりなのか？

シッダールタはひそかに、くちびるをかんだ。

いや、それはだめだ。そんなことには、ならない。たとえ、どんなに愛情《あいじょう》をいだいたとしても、その思《おも》いにしばられて、わたしは出家《しゅっけ》をあきらめたりはしない。あのシュラマナのようにわたしも、いつかはすべてをすてて、この城《しろ》を出《で》ていくのだ。その決意《けつい》はかわることはない。

ならば、どうすればよいのだ？　親《おや》のすすめる、この結婚《けっこん》を、しなければよいのだろうか？　けれど、こんなに、父上《ちちうえ》も叔母上《おばうえ》も、わたしの結婚《けっこん》をよろこんでいるのに、それを平気《へいき》でこばむことなど、できない……。

「めでたい、めでたいぞ。」

シッダールタの内心《ないしん》の葛藤《かっとう》を知《し》らずに、シュッドーダナ王《おう》はにこにこわらいながら、言《い》った。「シッダールタ王子《おうじ》とヤショーダラー姫《ひめ》。いかにもお似合《にあ》いの夫婦《ふうふ》じゃ。のう、マハープラジャーパティ。」

シュッドーダナ王《おう》の言葉《ことば》に、マハープラジャーパティはうなずいた。

「ええ、とても、お似合《にあ》いの夫婦《ふうふ》だと、思《おも》います。」

シュッドーダナ王《おう》は、シッダールタとヤショーダラーをかわるがわる見《み》やって、うれしそうに言《い》った。

「ふたりで、仲《なか》むつまじく、この宮殿《きゅうでん》でくらすがよいぞ。」

ラーフラの誕生《たんじょう》

こうして、16歳《さい》のシッダールタと14歳《さい》のヤショーダラーの結婚式《けっこんしき》が、カピラヴァストゥの宮殿《きゅうでん》で、盛大《せいだい》に行《おこな》われた。

結婚《けっこん》することに、ためらいをおぼえていたものの、シッダールタは、ヤショーダラーを妃《きさき》としたことで、幸《しあわ》せな気持《きも》ちになった。ヤショーダラーも同《おな》じ思《おも》いをいだいた。ふたりは、ずっと昔《むかし》から愛《あい》しあっていたかのように、心《こころ》から深《ふか》く愛《あい》しあうようになった。

「シッダールタ王子《おうじ》さま。」

「ヤショーダラー姫《ひめ》よ。」

ふたりは、たがいをいとおしくよびあい、いつもそばによりそってはなれず、カピラヴァストゥの宮殿《きゅうでん》で、幸福《こうふく》な日々《ひび》をすごした。

けれど、その一方《いっぽう》で、シッダールタの胸《むね》のおくには、苦《くる》しい思《おも》いがあった。

こんなにも妻《つま》を愛《あい》しているのに、その愛《あい》をすてなくては、いけないのだろうか？

どうしても、わたしは、そうしなければいけないのだろうか？


やがて、ふたりの間《あいだ》に、玉《たま》のように愛《あい》らしい男《おとこ》の子《こ》が生《う》まれた。

シッダールタは、その男《おとこ》の子《こ》に、「きずな」という意味《いみ》をもつ「ラーフラ」〔2〕という名《な》をあたえた。

「ラーフラ、いとしいわが子《こ》よ。」

シッダールタは、赤子《あかご》に、深《ふか》いきずなと愛《あい》をおぼえた。赤子《あかご》を見《み》ると、いとおしくてならず、やさしくだきあげて、その名《な》をよんだ。

けれど、そうしたとき、心《こころ》のおくでは、苦《くる》しい思《おも》いをいだいてしまうのだった。

この子《こ》とも、わかれなくてはならないのだろうか？　こんなにも、いとおしいわが子《こ》をすてて、わたしは城《しろ》を出《で》ていかなくては、ならないのだろうか？

そうしたシッダールタの胸《むね》のうちを知《し》らず、ヤショーダラーは、シッダールタが赤《あか》子《ご》をいつくしんでいるさまを見《み》て、よろこんだ。

「これで、シッダールタ王子《おうじ》さまも、カピラヴァストゥの城《しろ》をおすてにはならないでしょう。」

ヤショーダラーは心《こころ》の中《なか》で思《おも》った。

それというのも、シュッドーダナ王《おう》にこう言《い》われていたからだった。

——姫《ひめ》よ。シッダールタが生《う》まれたとき、アシタ仙人《せんにん》が、こう予言《よげん》したのじゃ。シッダールタは、おおいなる悟《さと》りを得《え》て、ブッダとなる道《みち》をえらぶであろう、と。しかし、姫《ひめ》よ、そうなってもらってはこまるのじゃ。シッダールタは、わしのあとをついで、シャーキャ族《ぞく》の王《おう》となり、カピラヴァストゥの都《みやこ》を、さらに繁栄《はんえい》させてくれなければならないからじゃ……。


［2］「ラーフラ」という言葉《ことば》には、「束縛《そくばく》」「さまたげ」という意味《いみ》もある。

ヤショーダラーは、ラーフラをあやしているシッダールタを見《み》て、うれしい思《おも》いで考《かんが》えた。

「まさしくラーフラこそは、王子《おうじ》さまとわたくしとを強《つよ》くむすびつける『きずな』となってくれるでしょう。王子《おうじ》さまは、これまで以上《いじょう》に、わたくしを愛《あい》し、わたくしたちの子《こ》、ラーフラを愛《あい》してくださることでしょう。」

いつかはわかれなくてはならないという、ひそかな苦《くる》しみにさいなまれながらも、シッダールタの愛《あい》は、深《ふか》かった。

そうして、時《とき》はすぎていった。

シッダールタの愛《あい》はかわることがなく、妻《つま》のヤショーダラーと子《こ》のラーフラに、おしみなく、注《そそ》がれつづけた。

「父上《ちちうえ》、父上《ちちうえ》。」

ラーフラも、シッダールタになついて、そばからはなれようとしなかった。そして、神々《かみがみ》や精霊《せいれい》、魔物《まもの》、妖精《ようせい》などの物語《ものがたり》を、シッダールタにせがんだ。

「父上《ちちうえ》、あの話《はなし》をしてください。半分《はんぶん》は人《ひと》、半分《はんぶん》は蛇《へび》の、財宝《ざいほう》の番人《ばんにん》であるナーガの不思議《ふしぎ》な物語《ものがたり》を、もう一度《いちど》話《はな》してください。」

「うむ、それはな、ラーフラ……。」

シッダールタはやさしい声《こえ》で、話《はな》してやった。

「ナーガという神《かみ》は、古《ふる》くから人《ひと》びとに語《かた》りつがれてきた神《かみ》でな。7つの頭《あたま》をもち、深《ふか》い水《みず》の中《なか》にすんでいるとされている。この神《かみ》は、すばらしい財宝《ざいほう》の番《ばん》をしているといわれているが、じつは、天気《てんき》を左右《さゆう》する力《ちから》をもっているのだ。」

「雨《あめ》を止《と》めてしまったり、するんでしょう？」

「そうだ。ナーガがおこると、日《ひ》がてりつづけて、世界《せかい》は旱魃《かんばつ》になってしまう。そうすると、作物《さくもつ》が実《みの》らなくなる。それではこまりますと、人《ひと》びとがナーガに祈《いの》りをささげて、怒《いか》りをなだめると、めぐみの雨《あめ》をふらせてくれるのだ。」

「ナーガはおこるとこわいけれど、いつもはやさしい神《かみ》さまなのですね、父上《ちちうえ》。」

「うむ。ラーフラよ、このインドには、たくさんの神々《かみがみ》がおられる。そして、人《ひと》びとは、そのいずれかの神《かみ》を信仰《しんこう》しているのだ……。」

ラーフラにせがまれるままに、シッダールタは、バラモンたちがつたえているインドの神々《かみがみ》について、話《はな》してきかせた。

おさない日々《ひび》、シッダールタは、マハープラジャーパティやバラモン僧《そう》によって、インドの神々《かみがみ》の話《はなし》を聞《き》かされてきた。

宇宙《うちゅう》を創造《そうぞう》したとされる、ヴィシュヌ神《しん》。ヴィシュヌ神《しん》が、宇宙《うちゅう》の海《うみ》にうかぶ、千《せん》の頭《あたま》をもつ蛇《へび》の上《うえ》で、瞑想《めいそう》〔3〕していると、そのへそから、金《きん》の蓮《はす》が生《う》まれ、そこから、新《あら》たな宇宙《うちゅう》のつくり手《て》であるブラフマー神《しん》が生《う》まれた……。

いくさの神《かみ》である、インドラ神《しん》。雷神《らいじん》ともよばれるインドラ神《しん》は、おそろしい破壊《はかい》力《りょく》をもつヴァジュラ（金剛杵《こんごうしょ》）を武器《ぶき》として、凶暴《きょうぼう》な竜《りゅう》であるヴリトラなど、多《おお》くの怪物《かいぶつ》をたおした……。

いくつもの姿《すがた》をもち、世界《せかい》を破壊《はかい》する、すさまじい力《ちから》をもつ神《かみ》、シヴァ神《しん》。半分《はんぶん》、人間《にんげん》であり、半分《はんぶん》は鳥《とり》である、天上《てんじょう》の楽師《がくし》、ガンダルヴァ神《しん》……。

そうした神々《かみがみ》について、ラーフラに語《かた》っているうちに、シッダールタの胸《むね》には、さまざまな思《おも》いがうかんでくるのだった。

インドには、数多《かずおお》くの神々《かみがみ》がいる。神々《かみがみ》が活躍《かつやく》する神話《しんわ》は、たしかに聞《き》いていて楽《たの》しい。けれど、それらは現実《げんじつ》の世界《せかい》にはいないのだ……。

シッダールタは考《かんが》えた。

いまのバラモンたちは、そうした神々《かみがみ》への祈《いの》りの儀式《ぎしき》をしきりに行《おこな》っているが、しかし、それだけしか、行《おこな》っていない。

シッダールタは、少年《しょうねん》のころに、ボンダッタにつれられて、城門《じょうもん》の外《そと》で見《み》た人《ひと》たち

［3］目《め》をとじて、心《こころ》を一点《いってん》に集中《しゅうちゅう》すること。心《こころ》が静《しず》まり、すみきった状態《じょうたい》になる。

のことがわすれられなかった。

人《ひと》はかならず老《お》いて、病《や》んで、死《し》んでいく。

そうだ。この世《よ》には、老《お》いて、病《や》んで、苦《くる》しんでいる人《ひと》たちが、数《かず》かぎりなくいる。そうした人《ひと》たちに対《たい》して、バラモンたちは、なにをしているのだろう？ この世《よ》に生《い》きている人《ひと》びとの苦《くる》しみをいやすことには、まったく、力《ちから》を注《そそ》いではいないのではないのか？

シッダールタは考《かんが》えた。

では、人《ひと》びとの苦《くる》しみをすくうには、どうすればよいのか？ わたしは、なにをしなければいけないのか？

シッダールタが考《かんが》えこんでいるうちに、ラーフラはいつかしら、まぶたをとじて、ねむりについていた。かわいらしい寝顔《ねがお》を見《み》せているラーフラを見《み》つめて、シッダールタは思《おも》った。

この子《こ》、ラーフラは、王家《おうけ》に生《う》まれたクシャトリヤとして、なにひとつ不自由《ふじゆう》のないくらしをしている。だが、あのボンダッタは、奴隷《どれい》よりもひくい、バリアという身《み》分《ぶん》に生《う》まれたために、ろくにパンを食《た》べることすら、できないでいた。どうして、生《う》まれた身分《みぶん》によって、人生《じんせい》が決《き》められてしまうのか。人《ひと》は、すべて平《びょう》等《どう》であるべきではないのか？

この世《よ》は、正《ただ》しくないこと、まちがったことが、平気《へいき》でまかりとおっている。それでは、いけない。そうしたことは、正《ただ》さなくてはならない……。

シッダールタは目《め》をとじた。

その日《ひ》がやがて来《く》るのを、シッダールタは感《かん》じていた。あのシュラマナのように、わたしにも、すべてをすてて、城《しろ》を出《で》ていく日《ひ》が、やってくる。

人《ひと》は、なぜこの世《よ》に生《う》まれ、老《お》いて、病《や》んで、死《し》んでいくのか？ だれしも、まぬがれられない運命《うんめい》を、わたしもまぬがれることはできない。この世《よ》に生《う》まれたわたしは、いつか、老《お》いて、病《や》んで、死《し》んでいく。その「生《しょう》・老《ろう》・病《びょう》・死《し》」の運命《うんめい》をのりこえるには、どうすればよいのか？　それには、「不生《ふしょう》・不老《ふろう》・不病《ふびょう》・不死《ふし》」の悟《さと》りを得《え》なくてはならない。その悟《さと》りは、どうすれば得《え》られるのだろう？

どうすれば？

どうすれば、悟《さと》りが得《え》られるのか？

その答《こた》えは、わかっていた。

「悟《さと》りを得《え》るには、わたしは修行《しゅぎょう》をしなくてはならないのだ。あのシュラマナ、ヴァンギーサのように、すべてをすてて、出家《しゅっけ》しなくてはならないのだ……。」

シッダールタのまぶたに、愛《あい》する者《もの》たちの姿《すがた》がうかんだ。

妻《つま》はいとおしい。わが子《こ》もいとおしい。父上《ちちうえ》も、叔母上《おばうえ》も、いとおしい。けれど、そのいとおしいかれらと、わたしはわかれなくてはならないのだ。修行《しゅぎょう》するためには、かれらをすてなくてはならないのだ。

けれど、ああ、わたしは、どうしても、そうしなくてはならないのだろうか？

シッダールタはなやんだ。

王子《おうじ》の身分《みぶん》をすて、愛《あい》する妻《つま》のヤショーダラーをすて、かわいいわが子《こ》のラーフラをすて、尊敬《そんけい》する父上《ちちうえ》のシュッドーダナ王《おう》をすて、やさしい叔母上《おばうえ》のマハープラジャーパティをすてるのだ。そんなことが、わたしに、ほんとうにできるのだろうか？

そのときのつらさを考《かんが》えると、シッダールタは苦《くる》しくてならなかった。

ああ、わたしはどうすればいいのだろう……？

シッダールタは、内心《ないしん》、苦《くる》しみつづけた。シッダールタのなやみの日々《ひび》は、それから、長《なが》いあいだ、つづいた。

苦《くる》しみなやむうちに、シッダールタは病《やまい》にたおれた。内心《ないしん》の苦《くる》しみが、高《たか》い熱《ねつ》となって、シッダールタをおそったのだ。起《お》きあがれずに、熱《ねつ》にうかされる日々《ひび》がつづいた。

医師《いし》たちは、いろいろな薬《くすり》をすすめたが、シッダールタの病《やまい》はなおらなかった。宮《きゅう》殿《でん》のバラモンたちは、シッダールタの病気《びょうき》がいえるようにと、さまざまな祈禱《きとう》をしたが、ききめはなかった。

「シッダールタは、なんの病気《びょうき》なのか。」

シュッドーダナ王《おう》は暗《くら》い顔《かお》で考《かんが》えた。

「医師《いし》も、バラモンも、なおせないとは……。」

宮殿《きゅうでん》の侍女《じじょ》たちは、ひそかに、ささやきあった。

「いったい、王子《おうじ》さまは、なんの病《やまい》なのでしょう？」

シッダールタの病《やまい》は、日《ひ》に日《ひ》に、重《おも》くなっていった。

病《やまい》がうつるかもしれないからと、ラーフラは遠《とお》ざけられたが、ヤショーダラーはシッダールタのそばにつきっきりで、看病《かんびょう》した。

「シッダールタさま、一日《いちにち》も早《はや》く、元《もと》のように元気《げんき》になってください。」

自分《じぶん》がなぜ病《やまい》にかかっているのか、シッダールタには、わかっていた。

それは、わたしの心《こころ》が引《ひ》きさかれているからだ。悟《さと》りを得《え》るために、修行《しゅぎょう》したいという願《ねが》いと、そのためには、いとおしい者《もの》たちとわかれなくてはならないという思《おも》いが、わたしの心《こころ》の中《なか》で、はげしくたたかっているからだ。

わたしが病《やまい》から立《た》ちなおり、元《もと》のように元気《げんき》になるには、ふたつに引《ひ》きさかれた心《こころ》がひとつにならなくてはならないのだ……。

シッダールタの病《やまい》の原因《げんいん》を、叔母《おば》のマハープラジャーパティは、うすうす感《かん》じていた。

ある日《ひ》、マハープラジャーパティは、まわりにだれもいないことをたしかめると、シッダールタのまくらもとで、言《い》った。

「もしかしたら、シッダールタ王子《おうじ》よ、そなたは、悟《さと》りを得《え》たいとねがっているのではないのですか？」

叔母上《おばうえ》は、わかっていたのか。

シッダールタは、マハープラジャーパティを見《み》つめた。マハープラジャーパティは、やさしい声《こえ》で、言《い》った。

「悟《さと》りを得《え》るために、城《しろ》を出《で》て、出家《しゅっけ》したいと、のぞんでいるのではないのですか？」

シッダールタは、正直《しょうじき》に、うなずいた。

「そうです、叔母上《おばうえ》。でも、それができなくて……。だから、苦《くる》しくてならないんです。」

「やはり、そうだったのですか……。」

マハープラジャーパティはため息《いき》をついた。そして、しばらくほおに手《て》をついて考《かんが》えたあとで、シッダールタに言《い》った。

「わたしたちは、そなたを、このまま城《しろ》に引《ひ》きとめておきたいとねがっています。でも、これ以上《いじょう》、城《しろ》に引《ひ》きとめれば、よくないことがそなたの身《み》に起《お》きるかもしれません。」

マハープラジャーパティはシッダールタを見《み》つめて、ささやくように言《い》った。

「シッダールタよ、そなたののぞむままに、しなさい。わたしたちのことは、考《かんが》えなくてもいいのですよ。」

シッダールタは目《め》をとじて、思《おも》った。

のぞむままに、してもよいのだろうか？　ほんとうに、そうしてもいいのだろうか？

でも、このままでは、ふたつに心《こころ》が引《ひ》きさかれている、わたしの病《やまい》は、なおらないだろう。もっともっとひどくなり、望《のぞ》みをはたすまえに、わたしは死《し》んでしまうかもしれない。

それは、いやだ。人《ひと》は、なぜこの世《よ》に生《う》まれ、老《お》いて、病《や》んで、死《し》んでいくのか？「生《しょう》・老《ろう》・病《びょう》・死《し》」をのりこえるには、どうすればよいのか？　その答《こた》えを、わたしは見《み》つけなくてはならないのだ。そして、その答《こた》えを見《み》つけるには、わたしは、あのシュラマナのように修行《しゅぎょう》しなくてはならないのだ……。

「よし、どうすればよいのかと、もうなやむまい。出家《しゅっけ》して修行《しゅぎょう》するために、わたしはこの城《しろ》を出《で》ていこう。」

シッダールタはついに、心《こころ》を決《き》めた。

「わたしは、自分《じぶん》がもっとものぞんでいる道《みち》を歩《ある》いていこう。」

長《なが》い病《やまい》の果《は》てに、シッダールタがそう決心《けっしん》すると、引《ひ》きさかれていた心《こころ》の苦《くる》しみが、すうっと消《き》えていった。そして、これまで、医師《いし》もバラモンもなおせなかった病《やまい》が、しだいにいえていった。

「よかった、よかった。」

シュッドーダナ王《おう》は、両手《りょうて》をあげて、よろこんだ。

「シッダールタが、まえのように、元気《げんき》になったぞ。病《やまい》から、とうとう回復《かいふく》したぞ。」

ヤショーダラーもラーフラも、よろこんだ。

「父上《ちちうえ》、父上《ちちうえ》。また、お話《はなし》をしてください。」

ラーフラは、せがんだ。

「ラーフラ、わがままを言《い》ってはいけませんよ。まだ、シッダールタ王子《おうじ》さまは、すっかり、すこやかになってはおられないのですから。」

ヤショーダラーは、やさしくラーフラをさとした。

そのなかで、ただひとり、マハープラジャーパティは、病《やまい》を克服《こくふく》したシッダールタの心《こころ》のうちを思《おも》って、なにも言《い》わずに、ほほえむばかりだった。

3 悟《さと》りへの道《みち》

城《しろ》を出《で》ていく

シッダールタの29歳《さい》の誕生日《たんじょうび》の夜《よる》が来《き》た。

「時《とき》が来《き》たのだ。」

城《しろ》を出《で》ていく日《ひ》を、今日《きょう》と決《き》めていたシッダールタは、そうっと起《お》きあがって、すやすやとねむっている妻《つま》のヤショーダラーに、別《わか》れを告《つ》げた。

「ゆるしてくれ、ヤショーダラーよ。」

シッダールタは息子《むすこ》のラーフラの部屋《へや》に行《い》き、別《わか》れを告《つ》げた。

「さようなら、わが子《こ》、ラーフラよ。」

そして、父《ちち》のシュッドーダナ王《おう》と、叔母《おば》のマハープラジャーパティの部屋《へや》の前《まえ》に行《い》き、ひそかに別《わか》れを告《つ》げた。

「さようなら、父上《ちちうえ》、叔母上《おばうえ》。シッダールタをゆるしてください。」

シッダールタが宮殿《きゅうでん》をぬけでると、御者《ぎょしゃ》のチャンダカが愛馬《あいば》のカンタカをつれて、城門《じょうもん》の前《まえ》で待《ま》っていた。

まえの夜《よる》、準備《じゅんび》しておくようにと、シッダールタはチャンダカに命《めい》じていたのだ。

「王子《おうじ》さま。待《ま》っておりました。」

「ありがとう、チャンダカ。」

シッダールタはカンタカに乗《の》り、チャンダカをともなって、夜《よる》のカピラヴァストゥの城門《じょうもん》を出《で》ていった。

長《なが》いあいだ考《かんが》えに考《かんが》え、心《こころ》に決《き》めていたことではあったが、シッダールタにとって、愛《あい》する者《もの》たちとの別《わか》れは、やはりつらく、悲《かな》しく、胸《むね》がいたんだ。

無数《むすう》の星《ほし》が夜空《よぞら》にまたたき、あたりはしんと静《しず》まりかえっていた。町《まち》を通《とお》り、森《もり》をぬけ、星《ほし》が水面《すいめん》にかがやいているアナヴァマー河《がわ》をわたった。

やがて、夜明《よあ》けの光《ひかり》が射《さ》した。

河辺《かわべ》に立《た》つと、シッダールタはチャンダカに言《い》った。

「よし、わたしは、ここで髪《かみ》を切《き》る。」

「えっ。髪《かみ》をお切《き》りになるのですか？」

チャンダカはおどろいた。

シッダールタは、右手《みぎて》に剣《けん》をぬき、左手《ひだりて》で髻《もとどり》（髪《かみ》の毛《け》を頭《あたま》の上《うえ》にたばねた所《ところ》）をにぎって、ふさふさとした美《うつく》しい髪《かみ》を切《き》りおとした。

王子《おうじ》の衣装《いしょう》をぬぎ、腕輪《うでわ》や首《くび》かざりなどの装身具《そうしんぐ》をすべて外《はず》し、シュラマナにふさわしい、粗末《そまつ》な衣《ころも》に着替《きが》えた。そして、チャンダカに用意《ようい》させていた木《き》の鉢《はち》を手《て》にした。

ここにおいて、王子《おうじ》シッダールタは、諸国《しょこく》を遍歴《へんれき》する修行僧《しゅぎょうそう》、シュラマナとなったのだ。

「チャンダカよ。これらの服《ふく》と装身具《そうしんぐ》を、城《しろ》へ送《おく》りかえしておくれ。そして、父上《ちちうえ》や叔母上《おばうえ》、妻《つま》と子《こ》に、シッダールタはシュラマナになって、旅立《たびだ》ったとつたえておくれ。」

シッダールタは言《い》った。

「王子《おうじ》さま。」

チャンダカはシッダールタにすがりつくようにして、言《い》った。

「わたしも、ともに出家《しゅっけ》させてくださりませ。」

シッダールタは首《くび》をふった。

「わかってくれ、チャンダカ。そなたは、城《しろ》へもどらなくてはならぬのだ。」

チャンダカはむせびないて、言《い》った。

「そのようなお姿《すがた》になられて、王子《おうじ》さまはこれから、おひとりで、どこへ行《い》かれるのですか?」

「修行僧《しゅぎょうそう》となったわたしが、行《い》くべきところに行《い》くのだよ、チャンダカ。」

そう言《い》うと、シッダールタはカンタカに近《ちか》づいた。カンタカは脚《あし》を折《お》り、シッダールタの足《あし》をなめて、悲《かな》しくいなないた。

シッダールタは、カンタカの白《しろ》いたてがみをなでて、言《い》った。

「カンタカよ、なげかないでおくれ。そなたのなすべきことは、もうはたされたのだよ。おねがいだから、チャンダカとともに、城《しろ》へ帰《かえ》っておくれ。」

カンタカは悲《かな》しげに首《くび》をふって、いなないた。

「さようなら、カンタカ。」

シッダールタはゆっくりと歩《ある》いて、河辺《かわべ》からはなれていった。

「どうぞ、ご無事《ぶじ》で、王子《おうじ》さま。」

シッダールタの後《うし》ろ姿《すがた》が見《み》えなくなるまで、じいっと見送《みおく》ってから、チャンダカはなみだをぬぐった。

「行《い》くぞ、カンタカ。」

チャンダカはカンタカをつれて、もと来《き》た道《みち》へもどろうとした。しかし、カンタカは、折《お》った脚《あし》を立《た》たせようとせず、首《くび》をはげしくふって、その場《ば》から動《うご》こうとしなかった。

もともとカンタカは、城《しろ》で飼《か》われていた馬《うま》ではなかった。ある日《ひ》、カピラヴァストゥの城《しろ》の中《なか》へ、どこからともなく走《はし》ってやってきた野生《やせい》の馬《うま》だった。

——おう、野《の》の馬《うま》だ。

——なんという美《うつく》しい馬《うま》だろう。乗《の》ってみようか。

しかし、まっ白《しろ》な美《うつく》しい姿《すがた》だったにもかかわらず、気性《きしょう》がはげしく、だれもその背《せ》中《なか》に乗《の》せようとはしなかった。だれかがむりやり乗《の》ろうとすると、前脚《まえあし》を高《たか》くあげ、はげしくあばれて、ふりおとしてしまうのだった。

そのとき、その場《ば》に居合《いあ》わせたシッダールタは、乗《の》り手《て》をこばみ、あばれているようすの馬《うま》を見《み》て、静《しず》かに近《ちか》づいていった。

——王子《おうじ》さま、危険《きけん》でございます。

まわりの者《もの》たちは口々《くちぐち》に言《い》って、止《と》めようとした。

しかし、シッダールタはためらうことなく馬《うま》に近《ちか》づき、白《しろ》いたてがみをやさしくなでてやった。すると、馬《うま》はたちまち頭《こうべ》をたれ、おとなしくなった。

——よしよし。おまえに名《な》をつけてあげよう。おまえの名《な》は、カンタカだ。

それから、シッダールタは言《い》った。

——カンタカよ、わたしを乗《の》せておくれ。

そう言《い》うと、シッダールタは、カンタカにひらりと乗《の》った。カンタカはうれしそうにいななき、軽《かろ》やかに走《はし》りはじめた。

——あんなにいやがっていた、あばれ馬《うま》が。

——さすがは、王子《おうじ》さま。

みなはおどろき、シッダールタに感心《かんしん》した。それからというもの、カンタカはシッダールタの愛馬《あいば》となったのだ。

「カンタカよ、よく聞《き》け。シッダールタ王子《おうじ》さまは、おひとりで、どこかへ行《い》かれたのだ。われらは城《しろ》にもどるぞ。」

チャンダカは、カンタカに言《い》いきかせようとした。しかし、カンタカはがんとして動《うご》かず、その場《ば》をはなれようとしなかった。

「さあ、カンタカ。」

チャンダカは、いやがるカンタカの手綱《たづな》を強《つよ》く引《ひ》っぱって、立《た》たせようとした。

しかし、カンタカが城《しろ》にもどることはなかった。

カンタカはその場《ば》から一歩《いっぽ》も動《うご》こうとはしなかったのだ。カンタカは、シッダールタとわかれた悲《かな》しみのあまり、白《しろ》い体《からだ》をふるわせて、ひと声高《こえたか》くいななくと、そのまま息《いき》がたえてしまった。

ふたりの先生《せんせい》に出会《であ》う

こうして、29歳《さい》のシッダールタは、なにひとつ身《み》にもたない修行僧《しゅぎょうそう》、シュラマナとなって、悟《さと》りを得《え》るための放浪《ほうろう》の旅《たび》へ出《で》かけていった。

「わたしは、悟《さと》りを得《え》るために、なにを学《まな》べばいいのだろう？」

シッダールタは修行《しゅぎょう》の旅《たび》をするなかで考《かんが》えた。

そして、一日《にち》に1回《かい》だけ、食《た》べものを得《え》るための托鉢《たくはつ》をしながら、町《まち》から町《まち》へ、村《むら》から村《むら》へと歩《ある》きつづけ、ヴァイシャーリーという町《まち》へ、たどりついた。

その町《まち》には、アーラーダ・カーラーマという名《な》の仙人《せんにん》がいて、多《おお》くの門弟《もんてい》をかかえていた。それを耳《みみ》にしたシッダールタは、アーラーダ・カーラーマ師《し》の門《もん》をたたいた。

「師《し》よ。わたしはガウタマ・シッダールタという修行者《しゅぎょうしゃ》です。あなたの教《おし》えを学《まな》びたいとねがい、師《し》のもとへ、やってまいりました。」

シッダールタはうやうやしく頭《あたま》をさげて、言《い》った。

「うむ、ガウタマ・シッダールタよ。これより、わが門《もん》で、修行《しゅぎょう》するがよい。」

アーラーダ・カーラーマ師《し》は、シッダールタをこころよく受《う》けいれた。

「ありがとうございます。」

シッダールタは感謝《かんしゃ》した。その日《ひ》から、シッダールタはアーラーダ・カーラーマ師《し》の教《おし》えを学《まな》びはじめた。


「よいか、この世《よ》にはいろいろなものがある。そう思《おも》ってはならぬぞ。なぜなら、いっさいのものは、存在《そんざい》しないからじゃ。」

アーラーダ・カーラーマ師《し》は、弟子《でし》たちに向《む》かって、「無所有処《むしょうしょ》」といわれる境地《きょうち》を教《おし》えた。

「この世《よ》の形《かたち》あるものは、仮《かり》の姿《すがた》である。実体《じったい》があると思《おも》ってはならぬ。自分《じぶん》のまわりの世界《せかい》にも、自分《じぶん》の心《こころ》の中《なか》の世界《せかい》にも、なにもない。わが門《もん》をくぐる者《もの》は、その境《きょう》地《ち》に達《たっ》しなくてはならんのじゃ。」

そうか。実際《じっさい》にはなにもない、と思《おも》うのか。

シッダールタは、瞑想《めいそう》によって、師《し》の説《と》く「形《かたち》あるものは仮《かり》の姿《すがた》である」という境《きょう》地《ち》を学《まな》びとろうとした。シッダールタはすぐに、外界《がいかい》にも内界《ないかい》にもとらわれないおだやかな境地《きょうち》に達《たっ》した。

しかし、しだいに疑問《ぎもん》を感《かん》じるようになった。

それが、悟《さと》りを得《え》ることになるのだろうか？

シッダールタは考《かんが》えた。

ただ「実体《じったい》はなにもない」という境地《きょうち》にとどまるのは、ほんとうに、自分《じぶん》がのぞむ、悟《さと》りの境地《きょうち》だろうか？

シッダールタのもとめる、悟《さと》りの境地《きょうち》は、すべての人間《にんげん》のさだめである「生《しょう》・老《ろう》・病《びょう》・死《し》」をのりこえるものでなければならなかった。しかし、いまの修行《しゅぎょう》をつづけても、悟《さと》りを得《え》ることはできそうになかった。

シッダールタは思《おも》った。

はたして、「実体《じったい》はなにもない」という境地《きょうち》は、「生《しょう》・老《ろう》・病《びょう》・死《し》」を克服《こくふく》できるものなのだろうか？

そして、考《かんが》えぬいたある日《ひ》、シッダールタはアーラーダ・カーラーマ師《し》のもとから、はなれていった。


町々《まちまち》を遍歴《へんれき》したあと、シッダールタは、そのころインド最強《さいきょう》といわれたマガダ国《こく》の首都《しゅと》、ラージャグリハ（王舎城《おうしゃじょう》）へたどりついた。

シッダールタが新《あたら》しい師《し》をさがしていると、ある日《ひ》、城壁《じょうへき》に囲《かこ》まれた市内《しない》を散策《さんさく》していたビンビサーラ王《おう》と出会《であ》った。広大《こうだい》なマガダ国《こく》をたくみにおさめている名君《めいくん》、ビンビサーラ王《おう》は、ときおり、供《とも》をつれず、市内《しない》をただひとり歩《ある》いて、人《ひと》びとのくらしを観察《かんさつ》していたのだ。

「シュラマナどの。」

ビンビサーラ王《おう》は、シッダールタに向《む》かって、うやうやしく一礼《いちれい》をした。それから、たずねた。

「とてもよいお顔《かお》をしておられますが、シュラマナどのは、どのような悟《さと》りを得《え》られたのでしょうか？」

シッダールタは答《こた》えた。

「わたしはまだ悟《さと》りを得《え》てはいません。それを得《え》るために、修行《しゅぎょう》している身《み》です。どなたか、わたしが門《もん》をたたくべき師《し》を、ごぞんじではありませんか？」

ビンビサーラ王《おう》は言《い》った。

「それならば、この国《くに》には、ルドラカ・ラーマプトラといわれる高名《こうめい》な師《し》がおられます。そこへ行《い》かれてみては、いかがかな。」

「わかりました。」

シッダールタは、ビンビサーラ王《おう》にすすめられた、ルドラカ・ラーマプトラという師《し》のもとへおもむいた。この師《し》のもとには、700人《にん》をこえる弟子《でし》たちがいた。

「師《し》よ。わたしはガウタマ・シッダールタと申《もう》す修行者《しゅぎょうしゃ》です。師《し》の教《おし》えを学《まな》び、修行《しゅぎょう》をいたしたいと思《おも》います。」

「うむ。ガウタマよ。よくぞ、わしのもとへまいったな。しっかりと修行《しゅぎょう》するがよいぞ。」

ルドラカ・ラーマプトラ師《し》は、シッダールタをむかえいれて、言《い》った。

こうして、シッダールタは、新《あたら》しい師《し》ルドラカ・ラーマプトラのもとで、修行《しゅぎょう》の日々《ひび》を送《おく》りはじめた。

「よいか。そなたたちが修行《しゅぎょう》するべきは、そなたたちの心《こころ》のありようじゃ。」

ルドラカ・ラーマプトラ師《し》は弟子《でし》たちに、「非想非非想処《ひそうひひそうじょ》」という境地《きょうち》を説《と》いた。

「わしは、想《おも》え、とは言《い》わぬ。想《おも》うな、とも言《い》わぬ。大切《たいせつ》なのは、想《おも》うこともなく、想《おも》わないこともない、という境地《きょうち》じゃ。」

そうか。シッダールタは思《おも》った。

「想《おも》うこともなく、想《おも》わないこともない」。そのような心《こころ》のありようが、大切《たいせつ》だと、師《し》は言《い》われているのか。よし、その境地《きょうち》に達《たっ》してみよう。そうすれば、悟《さと》りの道《みち》が開《ひら》けるかもしれない。

シッダールタは、その境地《きょうち》に達《たっ》するために、日々《ひび》、瞑想《めいそう》を行《おこな》った。そして、思考《しこう》をなくして精神《せいしん》を統一《とういつ》し、もはや煩悩《ぼんのう》［1］にわずらわされることがない状態《じょうたい》に達《たっ》した。

しかし、そのうちに疑問《ぎもん》がうかんできた。

「想《おも》うこともなく、想《おも》わないこともない」という、その「非想非非想処《ひそうひひそうじょ》」の境地《きょうち》に達《たっ》したことで、「生《しょう》・老《ろう》・病《びょう》・死《し》」を克服《こくふく》できるのだろうか？


［1］心身《しんしん》をなやませる心《こころ》の働《はたら》きのこと。その種類《しゅるい》は多《おお》く、「百八つ」とも、「八万《まん》四千」ともたとえられる。

その疑問《ぎもん》は、日々《ひび》、うかんでは消《き》え、またうかんでは消《き》えた。

どうも、ちがう気《き》がする。シッダールタはそう考《かんが》えるようになった。ルドラカ・ラーマプトラ師《し》のもとで、いくら修行《しゅぎょう》しても、「生《しょう》・老《ろう》・病《びょう》・死《し》」を克服《こくふく》することはできないのではないか……。

考《かんが》えぬいたあと、シッダールタは、ルドラカ・ラーマプトラ師《し》のもとを去《さ》ることにした。

もはや、師《し》にたよらず、自分《じぶん》で道《みち》を切《き》りひらくしかない。みずから修行《しゅぎょう》にはげみ、悟《さと》りを得《え》るしかない。

このとき、シッダールタの考《かんが》えに同調《どうちょう》して、カウンディニャやバドリカといった、5人《にん》のシャーキャ族《ぞく》の修行者《しゅぎょうしゃ》が、ルドラカ・ラーマプトラ師《し》のもとから出《で》ていった。

苦行《くぎょう》の日々《ひび》

一行《いっこう》は、瞑想《めいそう》と修行《しゅぎょう》の場《ば》をもとめて、ガヤーへ行《い》き、さらにはナイランジャナー河《がわ》のほとりのウルヴィルヴァーにたどりついた。

そこで、シッダールタは5人《にん》の修行者《しゅぎょうしゃ》に向《む》かって、言《い》った。

「わたしは、ひとりで修行《しゅぎょう》しようと思《おも》う。」

5人《にん》はうなずいた。

「わかった。シッダールタよ。それぞれが、思《おも》うままに修行《しゅぎょう》することにしよう。」

5人《にん》の仲間《なかま》とわかれたシッダールタは、だれもいない荒野《こうや》や深《ふか》い森《もり》、さびれきった地《ち》へ行《い》き、ひとりで「苦行《くぎょう》」を始《はじ》めた。

「苦行《くぎょう》」とは、そのころのインドで、「タパス」といわれ、「熱《ねつ》」や「火《ひ》」を意味《いみ》する言葉《ことば》だった。

つまり、みずからの体《からだ》を、極限《きょくげん》まで苦《くる》しめ、いじめ、追《お》いつめるのだ。すると、その結果《けっか》、神秘的《しんぴてき》な力《ちから》や呪力《じゅりょく》が得《え》られるといわれていて、そのころのインドでは、多《おお》くのシュラマナたちがその行法《ぎょうほう》を行《おこな》っていた。

「苦行《くぎょう》をすれば、悟《さと》りへの道《みち》となる『ダルマ（真理《しんり》の法《ほう》）』があらわれるかもしれない。」

シッダールタは思《おも》った。

「ダルマを見《み》つけるために、苦行《くぎょう》をしてみよう。」

シッダールタは荒《あ》れ地《ち》の岩《いわ》の上《うえ》にすわり、苦行《くぎょう》を始《はじ》めた。

よし、まずは、「止息行《しそくぎょう》」をしてみよう。息《いき》をどれほど長《なが》く止《と》められるか、体《からだ》の限《げん》界《かい》までためしてみるのだ。

シッダールタは、口《くち》と鼻《はな》を、手《て》でふさいでみた。すると、止《と》められた息《いき》が、耳《みみ》からすさまじい勢《いきお》いで、ビューッと噴《ふ》きだした。

その音《おと》は、まさしく鍛冶屋《かじや》のふいご［2］のようだったが、口《くち》と鼻《はな》をふさぐ行《ぎょう》は、シッダールタには、まだ楽《らく》に思《おも》えた。

「もっともっと、苦《くる》しい行《ぎょう》をしなくてはならない。よし、次《つぎ》は耳《みみ》もふさごう。」

シッダールタは、息《いき》を止《と》め、耳《みみ》を手《て》でふさいだ。苦《くる》しくなってくるのを、じっとたえていると、止《と》められた息《いき》がつむじ風《かぜ》のようにまきおこり、ぐるぐると頭《あたま》の中《なか》をかけまわっていった。

「う、苦《くる》しい。」

シッダールタはたえた。

やがて、その行《ぎょう》は、はげしい頭痛《ずつう》となり、さらには、内臓《ないぞう》を刃物《はもの》で斬《き》りさかれるような痛《いた》みとなった。


［2］火《ひ》の勢《いきお》いを強《つよ》くするための送風装置《そうふうそうち》。大《おお》きな箱《はこ》の中《なか》の空気《くうき》を一気《いっき》に送《おく》り出《だ》す。

「たえるのだ、たえるのだ。」シッダールタは念《ねん》じた。「人《ひと》は、なぜこの世《よ》に生《う》まれ、老《お》いて、病《や》んで、死《し》んでいくのか？　なぜ、なぜ……。」

念《ねん》じながらたえつづけるうち、シッダールタは意識《いしき》をうしなって、岩《いわ》の上《うえ》にたおれてしまった。

「ふう。」

意識《いしき》を回復《かいふく》したあと、これではないと、シッダールタは思《おも》った。息《いき》を止《と》める行《ぎょう》をどれほどつづけても、悟《さと》りを得《え》ることはできない。

では、次《つぎ》になにをするべきなのか。

シッダールタは、深《ふか》い森《もり》の中《なか》をさまよい、みずからに問《と》うた。

「よし、今度《こんど》は、『不眠行《ふみんぎょう》』を行《おこな》ってみよう。」

シッダールタは、ねむらない行《ぎょう》を始《はじ》めることにした。

だれもいない森《もり》で、ひたすら歩《ある》きつづけた。ただただ歩《ある》きつづけることで、眠気《ねむけ》をこらえようとした。そして、どんなにつかれはてて、ねむくなっても、けっして横《よこ》にならないようにした。

やがて森《もり》を出《で》て、死体《したい》が転《ころ》がっている墓地《ぼち》へ行《い》った。

「よし、ここでねむらないようにしよう。」

墓地《ぼち》で、瞑想《めいそう》するのにもっともふさわしい座法《ざほう》、結跏趺坐《けっかふざ》［3］を組《く》んで、目《め》をとじた。

「人《ひと》は、なぜこの世《よ》に生《う》まれ、老《お》いて、病《や》んで、死《し》んでいくのか？ どうすれば、そのさだめを克服《こくふく》することができるのか。」

夜《よる》になると、墓地《ぼち》はまっ暗《くら》になった。なにかおそろしいものたちがうごめいているような恐怖《きょうふ》にたえて、シッダールタは瞑想《めいそう》し、ねむらない行《ぎょう》をつづけた。

けれど、その行《ぎょう》をつづけても、悟《さと》りは得《え》られなかった。


［3］修行《しゅぎょう》の座法《ざほう》のひとつ。あぐらを組《く》むようにすわる。左《ひだり》ももの上《うえ》に右足《みぎあし》を、右《みぎ》ももの上《うえ》に左足《ひだりあし》を、それぞれ足《あし》の裏《うら》が天《てん》を向《む》くようにのせ、両《りょう》ももをおさえるすわり方《かた》。

そこで、シッダールタは、「断食行《だんじきぎょう》」をしようと決《き》めた。

まずは、2日《ふつか》に、一食《しょく》にした。次《つぎ》に、3日《みっか》に、一食《しょく》。さらに、4日《よっか》に一食《しょく》として、

やがて、7日《なのか》に一食《しょく》、半月《はんつき》に一食《しょく》と、しだいに食《しょく》をへらしていった。

その食《た》べものも、もみがらや、ぬか、きび、草《くさ》、樹《き》の実《み》、樹《き》の根《ね》などであり、シッダールタの体《からだ》は、みるみるやせほそっていった。

手足《てあし》は、枯《か》れた葦《あし》のようになり、あばら骨《ぼね》がうきでて、頭《あたま》の皮膚《ひふ》はしわだらけになり、髪《かみ》は、はらはらとぬけおちた。はらの皮《かわ》をさすれば、背骨《せぼね》をつかみ、背骨《せぼね》をさすれば、はらの皮《かわ》がつかめるほどだったが、ただ瞳《ひとみ》だけは、落《お》ちくぼんだ目《め》の中《なか》で、深《ふか》い井戸《いど》に宿《やど》った星《ほし》のようにかがやいていた。

「人《ひと》は、なぜこの世《よ》に生《う》まれ、老《お》いて、病《や》んで、死《し》んでいくのか？　そのさだめは、どうすれば克服《こくふく》できるのか？」

たえず、その問《と》いを胸《むね》にかかえ、シッダールタは、とげのある、いばらの床《とこ》に臥《ふ》し

た。あるときは、つめたい水《みず》に入《はい》って、じっと寒《さむ》さにたえた。

暑《あつ》い日《ひ》も、寒《さむ》い日《ひ》も、シッダールタはただひとり、真理《しんり》の法《ほう》、ダルマをもとめて、裸《はだか》で、火《ひ》もなく、森《もり》で、行《ぎょう》をつづけた。

「もっと、もっと、わが身《み》を苦《くる》しめなくては、ダルマはあらわれてこない。」

シッダールタは思《おも》った。

そのために、ねむるときには、あえて骨《ほね》が散《ち》らばっているまっ暗《くら》な墓場《はかば》へ行《い》って、横《よこ》たわった。ほとんど食《しょく》をとらない日々《ひび》により、シッダールタは全身《ぜんしん》の骨《ほね》がうかびあがって見《み》えるほどにやせほそり、その皮膚《ひふ》は、古苔《ふるごけ》の生《は》えた樹《き》の皮《かわ》のように青黒《あおぐろ》くなった。

切《き》れ切《ぎ》れのねむりのあと、起《お》きあがって、立《た》とうとすれば、くらくらとよろめいた。

ひつじ飼《か》いの子《こ》どもたちは、もはや生《い》きている人間《にんげん》とは思《おも》えないような、まるで亡《ぼう》霊《れい》のようなシッダールタの姿《すがた》を見《み》つけると、

「なんだ、こいつ。」

「生《い》きているのか、死《し》んでいるのか。」

「悪鬼《あっき》じゃないのか。」

結跏趺坐《けっかふざ》を組《く》んで、瞑想《めいそう》しているシッダールタに、子《こ》どもたちは石《いし》や泥《どろ》を投《な》げつけた。さらには、つばをはきかけ、とがった木《き》の枝《えだ》を、耳《みみ》にさしこんだ。

「まったく、動《うご》かないぞ。」

「もう、死《し》んでいるんじゃないか。」

しかし、シッダールタは座法《ざほう》をくずさず、微動《びどう》だにしなかった。自分《じぶん》にひどいことをする子《こ》どもたちへの怒《いか》りの心《こころ》は、まったく生《う》まれなかった。

「いかなるときでも、心《こころ》を動《うご》かされることなく、平静《へいせい》な心《こころ》をたもたなくてはならない。すべては、ダルマを見《み》つけ、悟《さと》りを得《え》るためなのだ。」

シッダールタはそう念《ねん》じて、ひたすら、みずからの体《からだ》を苦《くる》しめる、はげしい苦行《くぎょう》をつづけていった。そのあいだ、シッダールタの心《こころ》に、何度《なんど》もマーラ（悪魔《あくま》）があらわれた。

「苦行《くぎょう》なんか、やめたほうがいいですよ。もっと楽《らく》な修行《しゅぎょう》をすればいいじゃありませんか。」

マーラはそうした親切《しんせつ》そうな誘惑《ゆうわく》の言葉《ことば》で、修行《しゅぎょう》をやめさせようとした。シッダールタはそのたびに、マーラをしりぞけた。


こうして、シッダールタの6年《ねん》におよぶ、苦行《くぎょう》の日々《ひび》がつづいた。だが、どれほど苦行《くぎょう》にはげみ、つとめても、シッダールタがのぞんでいた悟《さと》りは、得《え》られなかった。

「このままでは、命《いのち》がつきる。」

シッダールタは、自分《じぶん》の生命力《せいめいりょく》が、もはや1000分《ぶん》の1しかのこっていないのを感《かん》じた。

「このまま、苦行《くぎょう》をつづければ、体《からだ》が死《し》んでしまう。」

シッダールタは、ようやく気《き》づいた。

「どんなに苦行《くぎょう》をしても、ダルマはあらわれないのだ。苦行《くぎょう》によっては、悟《さと》りは得《え》られないのだ……。」

悟《さと》りを開《ひら》く

35歳《さい》になったとき、シッダールタは苦行《くぎょう》の日々《ひび》に、ついに見切《みき》りをつけた。

シッダールタは立《た》ちあがった。よろめき、よろめき、歩《ある》いていき、ナイランジャナー河《がわ》にたどりついた。

河《かわ》に入《はい》り、6年《ねん》の苦行《くぎょう》で、骨《ほね》と皮《かわ》だけになった体《からだ》をあらった。

ふう。

シッダールタは河《かわ》からあがって、岸辺《きしべ》にすわった。気持《きも》ちのいい風《かぜ》が、シッダールタの全身《ぜんしん》をふきすぎていった。

「ああ……。」

シッダールタは目《め》をとじた。

水《みず》で浄《きよ》められ、生《う》まれかわったようだった。シッダールタは結《けっ》跏《か》趺《ふ》坐《ざ》を組《く》んで、静《しず》かに呼吸《こきゅう》した。


そのとき、ひとりの娘《むすめ》が、ナイランジャナー河《がわ》の岸辺《きしべ》を通《とお》りかかった。村《むら》の地主《じぬし》の娘《むすめ》、スジャーターだった。スジャーターは、樹《き》の神《かみ》にささげるために、新鮮《しんせん》な乳《ちち》をしぼり、それで乳粥《ちちがゆ》をつくり、黄金《おうごん》の鉢《はち》に入《い》れて、運《はこ》んでいたのだ。

スジャーターは、岸辺《きしべ》にすわっているシッダールタを見《み》て、息《いき》をのんだ。

生《い》きているとは思《おも》えないほど、やせほそっているにもかかわらず、シッダールタの姿《すがた》には、神秘的《しんぴてき》な気高《けだか》い光《ひかり》が、かがやいていたのだ。

「尊《とうと》い修行者《しゅぎょうしゃ》さま。」

スジャーターは、うやうやしく、シッダールタの前《まえ》にひざまずき、乳粥《ちちがゆ》の入《はい》った鉢《はち》をささげて、言《い》った。

「どうぞ、おねがいいたします。わたくしの供養《くよう》をお受《う》けください。」

シッダールタは目《め》を見開《みひら》いて、スジャーターを見《み》やった。そして、深《ふか》く頭《あたま》をさげて、礼《れい》を言《い》った。

「ありがとう。」

シッダールタは、スジャーターのささげる鉢《はち》を受《う》けとった。そして、木《き》の匙《さじ》で、ゆっくりと乳粥《ちちがゆ》を口《くち》に運《はこ》んだ。

「なんという、おいしさか。」

長《なが》い断食行《だんじきぎょう》の果《は》てに口《くち》にした、その乳粥《ちちがゆ》は、これまでシッダールタが食《た》べた、どんな食《た》べものよりもおいしく感《かん》じられた。

ひと匙《さじ》、ひと匙《さじ》、口《くち》に入《い》れ、のどを通《とお》っていく乳粥《ちちがゆ》は、死《し》にかけていたシッダールタに、かけがえのない滋養《じよう》と力《ちから》をあたえた。

スジャーターの乳粥《ちちがゆ》で、体《からだ》の力《ちから》がみるみる回復《かいふく》していったとき、シッダールタは深《ふか》いよろこびと感謝《かんしゃ》の気持《きも》ちをいだいた。

そして、ふいに予感《よかん》した。

「もうすぐ、真理《しんり》の法《ほう》、『ダルマ』があらわれる。」

このとき、樹《き》のかげからシッダールタのようすを見《み》ていた、カウンディニャやバドリカたち5人《にん》の修行者《しゅぎょうしゃ》は誤解《ごかい》した。

「シッダールタはぜいたくになった。」

「修行《しゅぎょう》をやめてしまったのだ。」

そう考《かんが》えた5人《にん》は、多《おお》くのバラモンの修行者《しゅぎょうしゃ》たちが集《あつ》まっていた、バラーナシー(現在《げんざい》のバラナシ)郊外《こうがい》の「鹿《かせぎ》の園《その》(ムリガダーヴァ)」へ去《さ》っていった。

いっぽう、シッダールタは、スジャーターに礼《れい》を言《い》うと、立《た》ちあがった。

林《はやし》の中《なか》に入《はい》っていき、一本《ぽん》のアシュヴァッタ樹《じゅ》の根《ね》もとにすわった。そのころ、インドでは、アシュヴァッタ樹《じゅ》は、「神々《かみがみ》の住居《じゅうきょ》」といわれていた。

シッダールタは、目《め》をとじた。

そして、「入出息念定《にゅうしゅつそくねんじょう》」といわれる呼吸法《こきゅうほう》で、心《こころ》を集中《しゅうちゅう》させ、瞑想行《めいそうぎょう》を始《はじ》めた。

自然《しぜん》にさからうことなく、静《しず》かに息《いき》をすい、静《しず》かに息《いき》をはく。

息《いき》をすい、息《いき》をはく……。

どのくらいたったか、心《こころ》を無《む》にして、自然《しぜん》な呼吸《こきゅう》をくりかえしているうちに、瞬《しゅん》間《かん》、シッダールタの前《まえ》に、真理《しんり》の法《ほう》である「ダルマ」があらわれた。

「この世《よ》のすべての人《ひと》は、『生《しょう》・老《ろう》・病《びょう》・死《し》』のさだめをもっている。そのさだめをのりこえるには……。」

シッダールタは、目《め》を見開《みひら》いた。

「わかったぞ！」

シッダールタの胸《むね》に、「生《しょう》・老《ろう》・病《びょう》・死《し》」をのりこえる道《みち》が、さあっと、開《ひら》けてきたのだ。

このとき、シッダールタは形《かたち》のない「命《いのち》」そのものとなり、はてしない世界《せかい》へ、「命《いのち》」そのものが開《ひら》かれていくのを感《かん》じた。これまで、シッダールタがいだいていたすべての疑問《ぎもん》は消《き》えうせ、涅槃《ねはん》（煩悩《ぼんのう》をなくし、すべてのものから自由《じゆう》になった状態《じょうたい》）への道《みち》が開《ひら》け、おおいなる心《こころ》の平安《へいあん》がおとずれた。

「ああ、なんという、静《しず》けさか。」

シッダールタの体《からだ》はかぎりなく軽《かる》く、心《こころ》はかぎりなく安《やす》らいでいた。真理《しんり》の法《ほう》「ダルマ」が、全身《ぜんしん》にすみずみまで浸透《しんとう》し、シッダールタの心《こころ》と体《からだ》は、「ダルマ」の聖《せい》なる光《ひかり》につつまれたからである。

シッダールタはよろこびにみちて、決意《けつい》した。

「わたしは、ついに得《え》ることのできた『ダルマ』によって、生《い》きていこう。これからのわたしの生涯《しょうがい》は、この『ダルマ』に、みちびかれていくのだ……。」

そして、このとき、シッダールタはずっといだきつづけてきた「人《ひと》は、なぜこの世《よ》に生《う》まれ、老《お》いて、病《や》んで、死《し》んでいくのか？」という問《と》いの答《こた》えを、はっきりと知《し》った。

「わたしは、これをつたえるために、生《う》まれてきたのだ。だれしもがかかえている

『生《しょう》・老《ろう》・病《びょう》・死《し》』の運命《うんめい》、その苦《くる》しみをすくい、悲《かな》しみをいやすには、どうすればよいのか？　それを、人《ひと》びとに教《おし》え、さとすために、わたしはこの世《よ》に生《う》まれてきたのだ。」

シッダールタは、みずからに、言《い》いきかせた。

「わたしが得《え》た悟《さと》りを、人《ひと》びとに説《と》いて、人《ひと》びとの苦《くる》しみをすくおう。」

こうして、シッダールタは、悟《さと》りを得《え》て、「生《しょう》・老《ろう》・病《びょう》・死《し》」のさだめをのりこえる、「不《ふ》生《しょう》・不《ふ》老《ろう》・不《ふ》病《びょう》・不《ふ》死《し》」のとびらを開《ひら》いた。

時《とき》は、紀元前《きげんぜん》４２８年《ねん》、12月8日《がつようか》［４］であった。

これより35年《ねん》もまえに、ヒマラヤからおりてきたアシタ仙人《せんにん》が、なみだながらに予《よ》言《げん》したとおりに、シッダールタは、完全《かんぜん》にめざめた者《もの》、「ブッダ」となったのだ。

［４］南方《なんぽう》のミャンマーやタイなどには、５月《がつ》の満月《まんげつ》の日《ひ》であったとつたわっている。

4 完全《かんぜん》にめざめた者《もの》

人《ひと》はなぜ苦《くる》しむのか?

それから7日間《なのかかん》、菩提樹《ぼだいじゅ》のもとで、ガウタマ・ブッダは、なにものにもさまたげられない自由《じゆう》な心《こころ》で、瞑想《めいそう》をつづけた。

6年《ねん》の苦行《くぎょう》のあいだ、胸《むね》の中《なか》で、「なぜ?」「なぜ?」「なぜ?」とはてしなく問《と》いつづけていた疑問《ぎもん》は、いまや聖《せい》なるダルマの光《ひかり》にてらされて、明快《めいかい》に解《と》きほぐれていった。

すべての疑問《ぎもん》は、悟《さと》りの知恵《ちえ》によって、明《あき》らかになったのである。

7日間《なのかかん》の瞑想《めいそう》のあとで、ブッダは考《かんが》えた。

「わたしがさとった、この真理《しんり》の法《ほう》、ダルマを、ほかの修行者《しゅぎょうしゃ》に説《と》くべきだろうか？

悟《さと》りを得《え》させるために、説《と》くべきだろうか？」

いや、むりだ。

ブッダは思《おも》った。

説《と》いても、おそらく理解《りかい》できないだろう。わたしは、死《し》の一歩手前《いっぽてまえ》までのすさまじい苦行《くぎょう》をつづけることでも、悟《さと》りを得《え》ることはできなかった。深《ふか》い瞑想《めいそう》によって、「自我《じが》」と「欲望《よくぼう》」を徹底的《てっていてき》になくし、心《こころ》が統一《とういつ》された。この世《よ》の苦《くる》しみを受《う》けいれ、苦《くる》しみの源《みなもと》をさぐり、その結果《けっか》、天空《てんくう》が開《ひら》けて、おおいなる自由《じゆう》、「涅槃《ねはん》」の境《きょう》地《ち》を得《え》た。

そのようなむずかしいダルマを、ほかの者《もの》に教《おし》えることができるのだろうか？

このとき、ブッダの脳裏《のうり》に、途中《とちゅう》でわかれた、カウンディニャたち5人《にん》の修行者《しゅぎょうしゃ》の姿《すがた》がうかんだ。

いや、やはり、わたしはそれを説《と》くべきではないのか？　なぜなら、悟《さと》りを得《え》たいと苦行《くぎょう》を行《おこな》っている修行者《しゅぎょうしゃ》たちがいるではないか。そうだ、かれらに、わたしが知《し》ったダルマをつたえ、かれらを悟《さと》りの道《みち》へみちびくべきなのだ……。

ブッダは菩提樹《ぼだいじゅ》のもとから、立《た》ちあがった。

林《はやし》を出《で》て歩《ある》いていると、ひとりの修行者《しゅぎょうしゃ》に出会《であ》った。修行者《しゅぎょうしゃ》はブッダに頭《あたま》をさげて、言《い》った。

「シュラマナさま。わたしはウパカと申《もう》す、修行僧《しゅぎょうそう》です。あなたは、なんと、すがすがしいお顔《かお》をされているのでしょう。いったい、いずれの師《し》に教《おし》えを受《う》けておられるのか、ぜひ、わたしに教《おし》えていただきたい。」

ブッダは微笑《びしょう》した。

「わたしに、師《し》はおりません。」

「えっ？」

「わたしは、わたしこそが最上《さいじょう》の師《し》だと思《おも》っています。なぜなら、わたしは、すべてに打《う》ちかち、すべてを知《し》ったからです。」

ウパカはそれを聞《き》いて、急《いそ》いでひざまずいた。

「さては、あなたこそは、もうすぐこの世《よ》にあらわれるとされている、『ブッダ』さまだったのでございますか。」

ウパカは両手《りょうて》を合《あ》わせて、ブッダを礼拝《らいはい》した。


ブッダはバラーナシーに行《い》き、その郊外《こうがい》にあるサールナートの、「仙人《せんにん》がすむ」といわれていた「鹿の園《かせぎのその》」におもむいた。

そこに、カウンディニャら、5人《にん》の修行者《しゅぎょうしゃ》がいたからである。ブッダの姿《すがた》をみとめると、5人《にん》は相談《そうだん》した。

「あっ、シッダールタだ。」

「シッダールタはつらくて苦行《くぎょう》をやめたではないか。」

「相手《あいて》にするな。知《し》らんぷりをしよう。」

しかし、ブッダが近《ちか》づいていくと、その神々《こうごう》しい光《ひかり》につつまれた姿《すがた》に、5人《にん》の修行《しゅぎょう》者《しゃ》は、はっと胸《むね》を打《う》たれた。そして、いそいそとブッダの座《ざ》をもうけ、足《あし》をあらう水《みず》などをかいがいしく用意《ようい》した。

それから5人《にん》は、ブッダの前《まえ》にひざまずいて、言《い》った。

「尊者《そんじゃ》のお姿《すがた》は、まさに『ブッダ』の名《な》にふさわしいように思《おも》われます。尊者《そんじゃ》よ、おねがいでございます。尊者《そんじゃ》が得《え》られた、悟《さと》りの道《みち》を、われらに教《おし》えてください。」

ブッダはうなずき、まず、こう口火《くちび》を切《き》った。

「修行者《しゅぎょうしゃ》たちよ。耳《みみ》をかたむけよ。わたしは、真理《しんり》の法《ほう》であるダルマを説《と》きあかそう。」

5人《にん》が耳《みみ》をそばだてると、ブッダは言《い》った。

「修行者《しゅぎょうしゃ》たちよ、そなたらは、なぜ、わたしが苦行《くぎょう》をすてたか、疑問《ぎもん》に思《おも》っているであろうが、それは『中道《ちゅうどう》』をよし、としたからである。」

ブッダは5人《にん》の顔《かお》を見《み》やった。

「修行者《しゅぎょうしゃ》がしてはならない、ふたつの極端《きょくたん》がある。ひとつは、かぎりなく欲望《よくぼう》にふけること。もうひとつは、ひたすら、みずからを苦《くる》しめることである。よいか、修行者《しゅぎょうしゃ》は、そのふたつの極端《きょくたん》をはなれ、まんなかの道《みち》――『中道《ちゅうどう》』を歩《あゆ》まなくてはならないのだ。」

5人《にん》は、おごそかな光《ひかり》につつまれたブッダの顔《かお》を、あおぎみた。ブッダは慈愛《じあい》にみちたまなざしで、ひとりひとりの顔《かお》を見《み》つめて、告《つ》げた。

「人《ひと》は、なぜ苦《くる》しむのであろうか?」

5人《にん》は息《いき》をつめて、ブッダを見《み》つめた。

ブッダは、5人《にん》に向《む》かって、静《しず》かに言《い》った。

「およそ、人《ひと》には『生《しょう》・老《ろう》・病《びょう》・死《し》』という、苦《くる》しみがある。この苦《くる》しみは、いかなる人《ひと》も、まぬがれることができない……。」

ブッダは、人《ひと》のさだめを告《つ》げていった。

「人《ひと》は苦《くる》しみからのがれられない。それゆえ、『生《う》まれること』が苦《くる》しみとなる。『老《お》いること』が苦《くる》しみとなる。『病《や》むこと』が苦《くる》しみとなる。『死《し》ぬこと』が苦《くる》しみとなる……。」

5人《にん》の修行者《しゅぎょうしゃ》は、呼吸《こきゅう》することもわすれたように、だまって、ブッダの言葉《ことば》に聞《き》き入《い》った。

「なぜ、そうなるのか？　なぜ、人《ひと》は『生《しょう》・老《ろう》・病《びょう》・死《し》』の『四苦《しく》』のさだめから、まぬがれることができないのか？」

ブッダはつづけた。

「さらに、あと4つの苦《くる》しみがある。それは、愛《あい》せない者《もの》と会《あ》う苦《くる》しみ、愛《あい》する者《もの》とわかれる苦《くる》しみ、もとめても得《え》られない苦《くる》しみ、人間《にんげん》が人間《にんげん》としてあるかぎり、そなわっている苦《くる》しみの、4つである。」

ブッダは、人《ひと》のさだめである「四苦八苦《しくはっく》」を、5人《にん》の修行者《しゅぎょうしゃ》に向《む》かって、天人《てんにん》が歌《うた》うように告《つ》げた。

八正道《はっしょうどう》

5人《にん》の修行者《しゅぎょうしゃ》は、深《ふか》くうなだれて、ブッダの言葉《ことば》をじっと待《ま》った。

「人《ひと》は、なぜ、この『四苦八苦《しくはっく》』から、まぬがれられないのであろうか？」

ブッダは問《と》うた。

このとき、「鹿《かせぎ》の園《その》」を、すみきった鳥《とり》の声《こえ》とともに、ひとすじの風《かぜ》がふきすぎていった。ブッダは5人《にん》に向《む》かって、告《つ》げた。

「修行者《しゅぎょうしゃ》たちよ、この世《よ》は『無常《むじょう》』である。すなわち、『なにごとも常《つね》ならず、すべては変転《へんてん》してやまない』のである。生《い》きることは、本来《ほんらい》、楽《たの》しく、うれしく、すばらしいものであるが、それは永遠《えいえん》にはつづかない。いつの日《ひ》か、いかなる人《ひと》も、老《お》い、病《や》み、死《し》ぬさだめがあるからである……。」

ひとこと、ひとこと、かみしめるように、ブッダは告《つ》げた。

「愛《あい》せない者《もの》と会《あ》わねばならない、という苦《くる》しみ。愛《あい》する者《もの》とわかれなければならない、という苦《くる》しみ。もとめても、もとめても、得《え》られないという、苦《くる》しみ。それらは、人間《にんげん》が人間《にんげん》であるがゆえに、この世《よ》に生《せい》をうけたときから、定《さだ》められている苦《くる》しみなのだ。」

カウンディニャがため息《いき》をついて、深《ふか》くうなずいた。

「人《ひと》は、だれしも『自分《じぶん》の人生《じんせい》が、思《おも》いどおりになってほしい』とねがう。ところが、そうはならず、『なにごとも、思《おも》いどおりにならない』ことを知《し》る。『この世《よ》は、自分《じぶん》の思《おも》うとおりにはならない』ことに、人《ひと》は苦《くる》しむのだ。ならば、どうすれば、人《ひと》はその苦《くる》しみから、ぬけでることができるのであろうか?」

ブッダは、つづけた。

「苦《くる》しみは、なぜ起《お》きるのか? その原因《げんいん》は、この世《よ》は『無常《むじょう》』であるという、ものごとの正《ただ》しい姿《すがた》を知《し》らない『無明《むみょう》』にある。人《ひと》は『無明《むみょう》』のために、さまざまな欲望《よくぼう》をいだき、『我欲《がよく》』にとらわれ、苦《くる》しむ。つまり、ひとりひとりの自我《じが》が、欲望《よくぼう》に執《しゅう》着《ちゃく》するのだ。それゆえ、苦《くる》しみをとりのぞくには、この『我欲《がよく》』をもたらす『無明《むみょう》』を滅《めっ》すれば、よい……。」

カウンディニャがまぶしい光《ひかり》をあおぎみるように、ブッダの顔《かお》を見《み》た。

「では、どうすれば、人《ひと》はこの『無明《むみょう》』を滅《めっ》することができるのであろうか？」

ここで、ブッダは、言葉《ことば》を切《き》った。

そして、しばらく目《め》をとじた。その答《こた》えは、ナイランジャナー河近《がわちか》くの林《はやし》の中《なか》の、菩提樹《ぼだいじゅ》のもとで、瞑想《めいそう》しているときに、ブッダの脳裏《のうり》に、さあっと見《み》えてきたのだ。

「そのためには、人《ひと》は、『八正道《はっしょうどう》』を行《おこな》えばよい。それを行《おこな》えば、人《ひと》は、おのずと『無明《むみょう》』を滅《めっ》し、苦《くる》しみから解放《かいほう》されるのである。」

「尊者《そんじゃ》。その、『八正道《はっしょうどう》』とは、いかなるものでございますか？」

たずねるカウンディニャに、ブッダは、静《しず》かに告《つ》げた。

「正《ただ》しく見《み》る。正《ただ》しく思《おも》う。正《ただ》しく言《い》う。正《ただ》しく行《おこな》う。正《ただ》しくくらす。正《ただ》しく努力《どりょく》する。正《ただ》しく念《ねん》じる。正《ただ》しく瞑想《めいそう》する……。」

シッダールタは、修行者《しゅぎょうしゃ》たちの胸《むね》に、一語《いちご》、一語《いちご》、しみとおるような声《こえ》で、告《つ》げた。

「この『八正道《はっしょうどう》』を、日々《ひび》、おこたらずに実践《じっせん》すれば、人《ひと》は、『四苦八苦《しくはっく》』の苦《くる》しみから解《と》きはなたれるのである……。」

ブッダは5人《にん》の修行者《しゅぎょうしゃ》たちを、ひとりひとり見《み》やった。

「よいか、修行者《しゅぎょうしゃ》たちよ。大切《たいせつ》なことは、すべての悪《あ》しきことをなさず、善《よ》いことを行《おこな》い、自己《じこ》の心《こころ》を浄《きよ》めることである……。」

サールナートの「鹿《かせぎ》の園《その》」での、ブッダの説法《せっぽう》は7日《なのか》にわたって、つづいた。

「人《ひと》は、これはわがものであると執着《しゅうちゃく》したもののために、悲《かな》しむ。かれがもっていると思《おも》っているものは、『常住《じょうじゅう》（つねにあるもの）』ではないからである。この世《よ》のものは、すべてうつりかわるからである……。」

ブッダは、5人《にん》の修行者《しゅぎょうしゃ》に向《む》かって、「鹿《かせぎ》の園《その》」のすみずみにまでとどくような力《ちから》

強《づよ》い声《こえ》で、この世《よ》における究極《きゅうきょく》の真理《しんり》を告《つ》げていった。

「この世《よ》は、『諸行無常《しょぎょうむじょう》』。すべての形《かたち》づくられたものはたえず変転《へんてん》する。この世《よ》は、『一切皆苦《いっさいかいく》』。すべての形《かたち》づくられたものは、苦《くる》しみとなる。この世《よ》は、『諸法無我《しょほうむが》』。すべてのものはわれわれのものではない。そうしたことを知《し》ったとき、人《ひと》は苦《くる》しみからはなれることができる……。」

5人《にん》はただだまって、うなずいた。

ブッダの力強《ちからづよ》い声《こえ》は、「鹿《かせぎ》の園《その》」にすむすべての生《い》きもの、さらには草《くさ》や花《はな》、樹木《じゅもく》、土《つち》、風《かぜ》にまで、しみわたっていくようだった。

そして、ブッダが休《やす》むことなくつづけていった説法《せっぽう》の7日目《なのかめ》に、修行者《しゅぎょうしゃ》のひとり、カウンディニャが、目《め》をかっと見開《みひら》いて、声《こえ》をあげた。

「尊者《そんじゃ》よ！　よく、わかりました。この世《よ》に生起《しょうき》するものは、すべてほろびさるものである、と！　人《ひと》は自我《じが》と欲望《よくぼう》にとらわれているが、それらはすべて無常《むじょう》なるものである、と！」

カウンディニャの顔《かお》を見《み》て、ブッダは微笑《びしょう》した。

「ああ、カウンディニャよ。『ダルマ』がそなたに宿《やど》り、そなたはさとったのだ！

よきかな、よきかな！」

よろこびの声《こえ》をあげたあと、ブッダは、すぐに、きびしい声《こえ》でさとした。

「だが、さとったカウンディニャよ。そなたは、これより、さとりつづけていかねばならない。たとえ、今日《きょう》、さとったからといっても、明日《あした》も、そうであるとはかぎらない。人《ひと》は弱《よわ》い。たえず、みずからをいましめていかなければ、すぐに悟《さと》りは去《さ》る。このわたしも、日々《ひび》、さとりつづけるようにつとめている。そなたもさとりつづけるために、『八正道《はっしょうどう》』を行《おこな》いつづけなくてはならない。」

カウンディニャは深《ふか》く頭《こうべ》をたれて、ブッダに言《い》った。

「わかりました、世尊《せそん》。わたくし、カウンディニャは世尊《せそん》の弟子《でし》としていただきましたことを、深《ふか》く感謝《かんしゃ》し、なにごとも、世尊《せそん》のお教《おし》えにしたがい、修行《しゅぎょう》をつづけてまいります。」

ブッダは、さらに残《のこ》りの4人《にん》の修行者《しゅぎょうしゃ》に向《む》かって、説法《せっぽう》をつづけた。

「ものごとは心《こころ》にもとづき、心《こころ》によってつくりだされる。よごれた心《こころ》で話《はな》したり行《おこな》ったりすれば、苦《くる》しみはその人《ひと》につきまとう。清《きよ》らかな心《こころ》で話《はな》したり行《おこな》ったりすれば、福楽《ふくらく》はその人《ひと》につきしたがう……。」

やがて、カウンディニャにつづいて、修行者《しゅぎょうしゃ》のヴァーシパが、ついで、バドリカが、さらにマハーナーマンが、アシヴァジトが、ダルマの光《ひかり》によって、真理《しんり》をさとった。

「よきかな！　よきかな！」

ブッダはよろこんだ。

こうして、ブッダは「鹿《かせぎ》の園《その》」で、5人《にん》の弟子《でし》を得《え》たのである。

説法《せっぽう》の道《みち》

「鹿《かせぎ》の園《その》」での、ブッダによる、はじめての「仏教《ぶっきょう》」の説法《せっぽう》――「初転法輪《しょてんぼうりん》」を経《へ》たのち、ブッダは5人《にん》の弟子《でし》をつれて、バラーナシーへと向《む》かった。

これより、ガンジス河流域《がわりゅういき》に広《ひろ》がるインドの各地《かくち》で、ブッダは、村《むら》から村《むら》へ、町《まち》から町《まち》へと、一日《にち》1回《かい》の托鉢《たくはつ》をしながら、

「めざめている者《もの》たちよ、わたしの言葉《ことば》をよく聞《き》け。ねむっている者《もの》たちよ、めざめよ……。」

と、説《と》いてまわった。

まさに45年《ねん》におよぶ、ブッダの「仏教《ぶっきょう》」伝道《でんどう》の旅《たび》が、始《はじ》まったのである。

次《つぎ》に、「仏教《ぶっきょう》」の弟子《でし》となったのは、富商《ふしょう》の子《こ》であるヤシャスだった。

ヤシャスは、宮殿《きゅうでん》をあたえられ、多《おお》くの侍女《じじょ》に囲《かこ》まれ、ぜいたくな食《た》べものや美《び》酒《しゅ》、舞《まい》やおどり、歌《うた》や音曲《おんぎょく》を楽《たの》しむという、なに不自由《ふじゆう》のないくらしを送《おく》っていた。

ところが、ある夜《よる》、遊《あそ》びつかれてねむったあと、ふとめざめると、侍女《じじょ》たちが髪《かみ》をみだし、よだれをたらし、だらしない姿《すがた》でねむりほうけているのを見《み》て、幻滅《げんめつ》におそわれた。

「なんという、あさましさだ。ああ、自分《じぶん》はなんという、おろかな日々《ひび》を送《おく》っているのか。」

もともと、自分《じぶん》の生《い》き方《かた》に疑問《ぎもん》をいだいていたヤシャスは、家《いえ》をぬけだして、ふらふらと歩《ある》きだし、「鹿《かせぎ》の園《その》」へと足《あし》を向《む》けた。

「ああ、わずらわしい。なやましい。」

つぶやいていると、そのとき、「鹿《かせぎ》の園《その》」で瞑想《めいそう》していたブッダが、ヤシャスの声《こえ》を聞《き》いた。ブッダはヤシャスをよんだ。

「ヤシャスよ、こちらに来《く》るがよい。ここには、わずらわしさも、なやみもない。わが教《おし》えを聞《き》かせよう。」

ブッダは、この世《よ》における苦《くる》しみと、なぜ、それが生《う》まれるのか、そして、それをとりのぞく方法《ほうほう》はなにか、それらを、おだやかな声《こえ》で、ヤシャスに語《かた》った。その説法《せっぽう》を聞《き》いて、ヤシャスのくもっていた目《め》は、光《ひかり》が宿《やど》ったように、明《あか》るくなった。

「わかりました。世尊《せそん》。」

真理《しんり》を見《み》る目《め》が生《う》まれたヤシャスは、ブッダの6人目《にんめ》の仏弟子《ぶつでし》となった。

「なに、ヤシャスが出家《しゅっけ》した？」

ヤシャスが出家《しゅっけ》したことにおどろき、父親《ちちおや》や母親《ははおや》、妻《つま》、さらに良家《りょうけ》の友人《ゆうじん》である54人《にん》が、ヤシャスをつれもどしに、「鹿《かせぎ》の園《その》」へやってきた。

「みなの衆《しゅう》、お聞《き》きなさい。」

ブッダは、かれらに、真理《しんり》の法《ほう》である「ダルマ」を、わかりやすくつたえた。ブッダの教《おし》えを聞《き》いたかれらは、ヤシャスにならって出家《しゅっけ》し、仏教徒《ぶっきょうと》となった。

ここに、「ガウタマ・ブッダ」にしたがう「仏教教団《ぶっきょうきょうだん》」――サンガが、誕生《たんじょう》したのだ。

次《つぎ》にブッダの弟子《でし》となったのは、バラモン教《きょう》を指導《しどう》し、多《おお》くの民衆《みんしゅう》に支持《しじ》されていたカーシャパ三兄弟《きょうだい》だった。

3人《にん》の兄弟《きょうだい》は、火《ひ》の神《かみ》アグニを崇拝《すうはい》し、聖火儀礼《せいかぎれい》を行《おこな》う火《ひ》の行者《ぎょうじゃ》であり、髪《かみ》をほら貝《がい》むすびにしていたので、「ほら貝《がい》むすびの行者《ぎょうじゃ》」とよばれ、たくさんの弟子《でし》をかかえていた。

ウルヴィルヴァーに住《す》むウルヴィルヴァー・カーシャパは500人《にん》の弟子《でし》を、ナイランジャナー河《がわ》のほとりに住《す》むナディー・カーシャパは300人《にん》の弟子《でし》を、ガヤー市《し》に住《す》むガヤー・カーシャパは200人《にん》の弟子《でし》を、それぞれかかえていた。

「なに、まだ30いくつの若僧《わかぞう》が、おこがましくも、『ブッダ』と名乗《なの》っているのか。」

ウルヴィルヴァー・カーシャパは、ひそかに「鹿《かせぎ》の園《その》」へ行《い》き、ブッダの説法《せっぽう》を聞《き》いた。

「人《ひと》は、いかにして激流《げきりゅう》をわたるか？　いかにして海《うみ》をわたるか？　いかにして苦《くる》しみをこえるか？　いかにして清《きよ》らかになるか？」

ブッダの言葉《ことば》に、ウルヴィルヴァー・カーシャパは息《いき》をのみ、耳《みみ》をかたむけた。

「人《ひと》は、信《しん》じることで、激流《げきりゅう》をわたる。つとめることで、海《うみ》をわたる。はげむことで、苦《くる》しみをこえ、知恵《ちえ》を得《え》ることで、清《きよ》らかになる……。」

はてしなく遠《とお》くにまでとどくような、ブッダの力強《ちからづよ》い声《こえ》に、じいっと耳《みみ》をかたむけていたウルヴィルヴァー・カーシャパは、ふっと、頭《こうべ》をたれた。そして、その場《ば》で、ブッダの弟子《でし》となることを決《き》めた。

「そなたたちも聞《き》きにいけ。」

ウルヴィルヴァー・カーシャパは、弟《おとうと》たちにすすめた。

ナディー・カーシャパとガヤー・カーシャパは、「鹿《かせぎ》の園《その》」へ行《い》き、ブッダの神通《じんつう》力《りき》（神《かみ》わざ）と、真理《しんり》の言葉《ことば》に、深《ふか》く感《かん》じいって、弟子《でし》となった。

このとき、3人《にん》のカーシャパ兄弟《きょうだい》がひきいていた1000人《にん》の弟子《でし》も、ブッダの教《きょう》団《だん》に入《はい》った。

これは、ブッダによる新《あたら》しい教《おし》え、「仏教《ぶっきょう》」が、長《なが》いあいだ、インドの人《ひと》びとに信《しん》仰《こう》されてきた「バラモン教《きょう》」に、はじめて勝利《しょうり》したといえるできごとだった。

この1000人《にん》の弟子《でし》をひきつれ、ブッダは、ガヤー市《し》から遠《とお》くないガヤーシールシャ山《さん》（象頭山《ぞうずせん》）に向《む》かった。

ヒンドゥー教《きょう》の聖地《せいち》であり、霊場《れいじょう》だったガヤーシールシャ山《さん》で、ブッダは「もえる火《ひ》の教《おし》え」を説法《せっぽう》した。

「目《め》はもえている。耳《みみ》はもえている。鼻《はな》はもえている。舌《した》はもえている。体《からだ》はもえている。意《こころ》はもえている。目《め》・耳《みみ》・鼻《はな》・舌《した》・身《み》・意《い》の、6つの感覚器官《かんかくきかん》は、もえている。『生《しょう》・老《ろう》・病《びょう》・死《し》』の苦《く》しみと、悲《かな》しみ、なやみによって、もえている……。」

このとき、ブッダの言葉《ことば》は、まさに火《ひ》をはくようだった。

かつて火《ひ》の神《かみ》アグニを崇拝《すうはい》していた1000人《にん》の弟子《でし》たちに、ブッダは、「自我《じが》の執着《しゅうちゃく》」があるかぎり、苦《くる》しみはつきないこと、それらをのりこえるには、それらをすてさらなくてはならないと、熱《あつ》い言葉《ことば》で、説《と》いたのだった。

竹林精舎《ちくりんしょうじゃ》と祇園精舎《ぎおんしょうじゃ》

「なに、世《よ》にもすぐれた知恵者《ちえしゃ》である、ウルヴィルヴァー・カーシャパ老師《ろうし》が、『鹿《かせぎ》の園《その》』のわかき行者《ぎょうじゃ》のもとに、弟子《でし》入りしたというのか。」

マガダ国《こく》のビンビサーラ王《おう》は、それを聞《き》いて、おどろいた。

「その、ガウタマ・ブッダという行者《ぎょうじゃ》は、いかなる力《ちから》をもっているのであろう？」

ビンビサーラ王《おう》は、ぜひ、ブッダに会《あ》いたいとねがった。

ちょうどそのとき、ブッダは、カーシャパ三兄弟《きょうだい》をふくめて、1200人《にん》の弟子《でし》たちをひきつれて、マガダ国《こく》の都《みやこ》、王舎城《おうしゃじょう》へやってきていた。

一行《いっこう》は、ラッティ竹林園《ちくりんえん》にとどまったが、マガダ国《こく》の多《おお》くのバラモンや資産家《しさんか》たちは、こぞって、ブッダに会《あ》いに出《で》かけた。

「ウルヴィルヴァー・カーシャパ老師《ろうし》が、弟子入《でしい》りしたというではないか。」

「それは、まことのことか？」

「ありえないことだ。」

多《おお》くの者《もの》が、それを疑問《ぎもん》に思《おも》い、ラッティ竹林園《ちくりんえん》へと向《む》かった。

ビンビサーラ王《おう》も、竹林園《ちくりんえん》へ出向《でむ》いた。

広《ひろ》い竹林園《ちくりんえん》では、ブッダが中心《ちゅうしん》にすわり、そのまわりに仏弟子《ぶつでし》１２００人《にん》がならんですわっていた。

「あっ。あれは、あのときのわかき修行僧《しゅぎょうそう》ではないか。」

ビンビサーラ王《おう》は、ブッダの姿《すがた》を見《み》て、はじめて会《あ》ったときのことを思《おも》いだした。

「あのときの、悟《さと》りの道《みち》をもとめていたシュラマナが、完全《かんぜん》にめざめた者《もの》、『ブッダ』になったというのか。」

まだ半信半疑《はんしんはんぎ》だったビンビサーラ王《おう》は、ウルヴィルヴァー・カーシャパが、ブッダの足《あし》に、頭《あたま》をつけて礼拝《らいはい》するさまを見《み》て、はじめて納得《なっとく》した。

「あの偉大《いだい》なカーシャパ老師《ろうし》でさえ、弟子《でし》となったのだ。」

ブッダは、ビンビサーラ王《おう》など、竹林園《ちくりんえん》へつめかけてきた者《もの》たちの前《まえ》で、じゅんじゅんと説《と》きはじめた。

「人《ひと》はだれしも、生《う》まれ、老《お》いて、病《やまい》にかかり、死《し》んでいく。『生《しょう》・老《ろう》・病《びょう》・死《し》』のさだめは、だれしも、まぬがれることができない。けれど、その『生《しょう》・老《ろう》・病《びょう》・死《し》』のさだめを、なげくことはない。人《ひと》は、そのさだめを、のりこえることができるからである……。」

それは、まさにマーヤーが息《いき》を引《ひ》きとるまえに夢見《ゆめみ》た、森《もり》の光景《こうけい》そのものであった。

ブッダはつづけた。

「この世《よ》における人《ひと》の苦《くる》しみは、生《う》まれる苦《くる》しみであり、老《お》いる苦《くる》しみであり、病《やまい》の苦《くる》しみであり、死《し》の苦《くる》しみである。なぜ、こうした苦《くる》しみが生《う》まれるのか？　それは、人《ひと》が『無明《むみょう》』にとらわれているからである。この苦《くる》しみをのりこえ、『無明《むみょう》』から解《と》きはなたれるためには、正《ただ》しく見《み》る、正《ただ》しく思《おも》う、正《ただ》しく言《い》う、正《ただ》しく行《おこな》う、正《ただ》しくくらす、正《ただ》しく努力《どりょく》する、正《ただ》しく念《ねん》じる、正《ただ》しく瞑想《めいそう》する、この『八正道《はっしょうどう》』を行《おこな》わねばならない……。」

ビンビサーラ王《おう》をはじめ、マガダ国《こく》の多《おお》くのバラモン僧《そう》、資産家《しさんか》、さらに民衆《みんしゅう》たちは、ブッダの告《つ》げる真理《しんり》の言葉《ことば》に、じっと耳《みみ》をかたむけた。

「しかし、この『八正道《はっしょうどう》』は、出家《しゅっけ》して修行《しゅぎょう》する者《もの》のための実践法《じっせんほう》であり、出家《しゅっけ》していない者《もの》たちはどのように日々《ひび》をくらせばよいであろうか？」

ブッダは、慈愛《じあい》にみちたまなざしで人《ひと》びとを見《み》やった。

「それは、惜《お》しまず人《ひと》にあたえ、慎《つつし》んで行動《こうどう》し、忍耐強《にんたいづよ》い心《こころ》をもち、たゆむことなく努力《どりょく》し、つとめて精神《せいしん》を集中《しゅうちゅう》させることで、完成《かんせい》された知恵《ちえ》を得《え》る——『六波羅蜜《ろくはらみつ》』を実践《じっせん》すればよいのである。こうして、心《こころ》がおだやかで慈悲深《じひぶか》くなれば、死《し》のおそれは消《き》え、おおいなる自由《じゆう》、『涅槃《ねはん》』を得《え》ることができるのである……。」

竹林園《ちくりんえん》に集《あつ》まった人《ひと》たちは、ブッダの言葉《ことば》に目《め》を開《ひら》かされ、ブッダの前《まえ》にひれふした。

「世尊《せそん》よ。ぜひ、わたしの寄進《きしん》をお受《う》けください。」

ビンビサーラ王《おう》は、このラッティ竹林園《ちくりんえん》を、ブッダの仏教教団《ぶっきょうきょうだん》に寄進《きしん》した。それ以《い》来《らい》、そこは「竹林精舎《ちくりんしょうじゃ》」とよばれ、身分《みぶん》を問《と》わず、仏弟子《ぶつでし》になりたいとねがう者《もの》が集《あつ》まる精舎《しょうじゃ》［1］となった。

［1］仏教《ぶっきょう》の寺院《じいん》のこと。悟《さと》りを得《え》るために修行《しゅぎょう》する僧《そう》たちがくらす。竹林精舎《ちくりんしょうじゃ》はその第《だい》1号《ごう》である。

ブッダは、仏教教団《ぶっきょうきょうだん》の修行者《しゅぎょうしゃ》たちに、善《よ》き友《とも》を得《え》て、聖《せい》なる道《みち》を歩《あゆ》めと、説《と》いた。

マガダ国《こく》の王舎城《おうしゃじょう》に、サンジャヤというバラモン教《きょう》の行者《ぎょうじゃ》がいて、250人《にん》の弟子《でし》をかかえていた。

その弟子《でし》たちのなかに、シャーリプトラ（サーリプッタ、舎利弗《しゃりほつ》）とマウドガリヤーヤナ（モッガラーナ、目連《もくれん》）というふたりのすぐれた弟子《でし》がいた。ふたりは、サンジャヤの教《おし》えに、みたされないのを感《かん》じていた。

ある日《ひ》、シャーリプトラは、王舎城《おうしゃじょう》で托鉢《たくはつ》をしているアシヴァジトに会《あ》った。ブッダの最初《さいしょ》の5人《にん》の弟子《でし》のひとり、アシヴァジトの清《きよ》らかな姿《すがた》に深《ふか》く感《かん》じいったシャーリプトラは、たずねた。

「友《とも》よ、あなたの師《し》はどなたですか？」

「シャーキャ族《ぞく》から出家《しゅっけ》された、ブッダさまです。」

「友《とも》の師《し》は、なにを説《と》かれるのですか？」

「人間《にんげん》の苦《くる》しみと、その原因《げんいん》、そして苦《くる》しみを滅《めっ》する道《みち》を、ブッダさまは、このように説《と》いておられるのです……。」

シャーリプトラは、アシヴァジトの話《はなし》を聞《き》いて、はっと、胸《むね》をつかれた。さっそく、マウドガリヤーヤナのところへ行《い》くと、シャーリプトラは、ブッダのもとで修行《しゅぎょう》しようと言《い》った。マウドガリヤーヤナはうなずいた。

「わかった。君《きみ》がそう言《い》うのなら、そうしよう。」

シャーリプトラとマウドガリヤーヤナがブッダのもとへ行《い》くことを聞《き》いて、サンジャヤの弟子《でし》たちは、ふたりについていくことを決《き》めた。

「サンジャヤさま。われらは、ガウタマ・ブッダさまのもとへ行《い》きたいと思《おも》います。」

シャーリプトラとマウドガリヤーヤナは、サンジャヤに言《い》った。

「そして、ほかの弟子《でし》たちも行《い》きたいとねがっています。」

「なんだとっ！」

サンジャヤは、はげしく怒《いか》り、口《くち》から熱《あつ》い血《ち》をはいた。

こうして、シャーリプトラとマウドガリヤーヤナは、250人《にん》の修行者《しゅぎょうしゃ》たちをひきつれ、ブッダの弟子《でし》となった。のちに、シャーリプトラはブッダの十大弟子《じゅうだいでし》のなかで、「知恵第一《ちえだいいち》」といわれ、マウドガリヤーヤナは「神通第一《じんずうだいいち》」といわれるようになった。

弁舌《べんぜつ》にすぐれ、聡明《そうめい》で、知恵《ちえ》の深《ふか》いシャーリプトラとマウドガリヤーヤナは、これ以降《いこう》、ブッダをささえ、教団《きょうだん》をささえた。

ある日《ひ》、セーラという修行者《しゅぎょうしゃ》がブッダにたずねた。

「あなたの回《まわ》してきた真理《しんり》の輪《わ》（法輪《ほうりん》）を、だれがあなたにつづいて、回《まわ》すのですか？」

ブッダは答《こた》えた。

「セーラよ。わたしが回《まわ》した真理《しんり》の輪《わ》を、シャーリプトラが回《まわ》すであろう。」

ブッダは、シャーリプトラとマウドガリヤーヤナに、いずれは教団《きょうだん》をまかせようと思《おも》っていたのだ。

　そして、ある日、竹林精舎《ちくりんしょうじゃ》にひとりのシュラマナがやってきた。その姿《すがた》を、遠《とお》くから見《み》やっていたブッダは、ほほえんだ。そして、近《ちか》づいてくるシュラマナに言《い》った。

「これは、よくぞ来《こ》られましたな。ヴァンギーサどの。われらは20年《ねん》まえに、お会《あ》いしましたな。」

　シュラマナはおどろいた。そして、うやうやしくブッダの前《まえ》で礼拝《らいはい》して、言《い》った。

「やはり、そうでしたか。もしかしたら、そうではないかと思《おも》っておりました。竹林《ちくりん》精舎《しょうじゃ》でたっとい説法《せっぽう》をされている『ブッダ』さまは、いまより20年《ねん》ほどまえに、カピラヴァストゥの城門《じょうもん》でお会《あ》いした『おわかい方《かた》』ではないかと……。」

　それから、ヴァンギーサは言《い》った。

「わたくしは、いまだに悟《さと》りを得《え》ておりませんが、ぜひとも、世尊《せそん》の弟子《でし》のひとりにしてくださるよう、おねがいします。」

ブッダは、うなずいた。

「ヴァンギーサどのは、わたしにとって、大切《たいせつ》なお方《かた》です。わたしが修行僧《しゅぎょうそう》となるきっかけをあたえてくださったからです。」

こうして、ヴァンギーサは、ブッダの弟子《でし》となり、教団《きょうだん》で修行《しゅぎょう》を積《つ》むうちに、ついにのぞんでいた悟《さと》りを得《え》たのだった。


コーサラ国《こく》の資産家《しさんか》であるスダッタは、みずからの財産《ざいさん》をなげうって、親《おや》のない子《こ》や身寄《みよ》りのない老人《ろうじん》などを助《たす》けて、「孤独《こどく》な人《ひと》に食《しょく》をあたえる長者《ちょうじゃ》」とよばれていた。

ブッダのことを耳《みみ》にすると、スダッタはさっそく「竹林精舎《ちくりんしょうじゃ》」にたずねてきて、説法《せっぽう》を聞《き》いた。

「世尊《せそん》よ。たっとい教《おし》えをありがとうございます。」

スダッタは、ブッダの教《おし》えに感動《かんどう》し、在家信者《ざいけしんじゃ》となった。そして、コーサラ国《こく》のジェータ王子《おうじ》の園《その》が、瞑想《めいそう》に適《てき》していると考《かんが》え、その広大《こうだい》な園《その》を、地面《じめん》いっぱいに黄《おう》金《ごん》をしきつめて買《か》いとると、ブッダに寄進《きしん》した。

そのときから、その園《その》は「祇園精舎《ぎおんしょうじゃ》」とよばれるようになった。

自己《じこ》をいとしいと思《おも》う者《もの》は、ほかを害《がい》するな

こうして、「竹林精舎《ちくりんしょうじゃ》」と「祇園精舎《ぎおんしょうじゃ》」は、生《う》まれや身分《みぶん》にかかわらず、のぞむ者《もの》はだれでも入《はい》れる「仏教教団《ぶっきょうきょうだん》」のふたつの拠点《きょてん》となった。

ここには、インドではあたりまえの「身分制度《みぶんせいど》」はなかった。ブッダは、人《ひと》びとをがんじがらめにしばりつけ、苦《くる》しめてきた4つの階級制度《かいきゅうせいど》をなくしたのだ。

ブッダの前《まえ》では、バラモンも、クシャトリヤも、バイシャも、シュードラも、関係《かんけい》なかった。富《と》んでいる者《もの》も、まずしい者《もの》も、男《おとこ》も女《おんな》も、すべて自由《じゆう》で、平等《びょうどう》だった。

「仏教《ぶっきょう》」の信者《しんじゃ》になった女性《じょせい》には、シッダールタの叔母《おば》で、赤子《あかご》のときから育《そだ》ててくれた、マハープラジャーパティもいた。

「ブッダさま。」

マハープラジャーパティは両手《りょうて》を合《あ》わせて、ブッダを礼拝《らいはい》した。

「アシタ仙人《せんにん》のお告《つ》げは、正《ただ》しかったのですね。」

そして、マハープラジャーパティにつづいて、シッダールタの子《こ》であるラーフラも、教団《きょうだん》に入《はい》った。

ラーフラは、シッダールタの実子《じっし》だからといって、あまやかしてはいけないと、シャーリプトラが教育《きょういく》し、指導《しどう》することになった。

ブッダは、毎日《まいにち》の托鉢《たくはつ》を欠《か》かさず、このふたつの精舎《しょうじゃ》を行《い》き来《き》して、説法《せっぽう》をつづけた。

「よいかな、この世《よ》の苦《くる》しみは、なぜ生《う》まれるのであろうか？　それは……。」

と、あくまでも、相手《あいて》の心《こころ》にしみとおっていくように、やさしく説《と》いていった。

ブッダの評判《ひょうばん》を聞《き》いて、コーサラ国《こく》のプラセーナジト王《おう》が、祇園精舎《ぎおんしょうじゃ》にやってきた。

「元《もと》は、シャーキャ族《ぞく》の王子《おうじ》であったとお聞《き》きしましたぞ。ガウタマ・ブッダどの。」

プラセーナジト王《おう》は、ブッダと同《おな》じ年齢《ねんれい》だったこともあり、親《した》しみをこめて、接《せっ》するようになった。そして、さまざまなことを相談《そうだん》した。

そのころ、プラセーナジト王《おう》は大食漢《たいしょくかん》で、かなり肥満《ひまん》していて、いつも苦《くる》しそうに息《いき》をふうふういわせていたので、ブッダはこう言《い》ってさとした。

「王《おう》よ。心《こころ》を落《お》ちつけて、食事《しょくじ》の量《りょう》を節《せっ》すれば、苦痛《くつう》をおさえ、寿命《じゅみょう》をすこやかにたもてますぞ。」

なるほど、そうか。

ブッダの言葉《ことば》に感《かん》じいったプラセーナジト王《おう》は、王宮《おうきゅう》で食事《しょくじ》するたびに、それを学生《がくせい》のスダッサナに暗唱《あんしょう》させた。その結果《けっか》、王《おう》の食事《しょくじ》の量《りょう》はすこしずつへっていき、減量《げんりょう》に成功《せいこう》し、すこやかな体《からだ》になった。

あるとき、プラセーナジト王《おう》は、ブッダにこんな相談《そうだん》をした。

「ブッダどの。わたしは、先日《せんじつ》、王妃《おうひ》にたずねました。自分《じぶん》よりいとしい者《もの》はいるか、と。すると、王妃《おうひ》は、こう答《こた》えました。──大王《だいおう》さま、わたくしには自分《じぶん》よりいとしい人《ひと》はいません。大王《だいおう》さまもそうではありませんか、と。」

プラセーナジト王《おう》は、不服《ふふく》そうに言《い》った。王妃《おうひ》には、自分《じぶん》よりも大王《だいおう》のほうがいとしい、と答《こた》えてもらいたかったからだった。

ブッダは深《ふか》くうなずいて、プラセーナジト王《おう》に言《い》った。

「王《おう》よ。どの方向《ほうこう》に、心《こころ》でさがしても、自分《じぶん》よりもさらにいとしい者《もの》は、どこにも見《み》いだせないのです。だれにとっても、自分《じぶん》がいとしいのです。だから、自分《じぶん》を愛《あい》する者《もの》は他人《たにん》を害《がい》してはなりません。」

プラセーナジト王《おう》は、ブッダの言葉《ことば》に、なるほどとうなずいた。

「自己《じこ》をいとしいと思《おも》う者《もの》は、ほかを害《がい》してはならない。」

これは、ブッダがつねに言《い》っていた、「慈悲《じひ》」の心《こころ》を実践《じっせん》することだった。

あるとき、ブッダは竹林精舎《ちくりんしょうじゃ》から托鉢《たくはつ》に出《で》かけた。その途中《とちゅう》で、小川《おがわ》のほとりにいる子《こ》どもたちのそばを通《とお》りかかった。見《み》ると、子《こ》どもたちは、つかまえた魚《さかな》をいじめていた。

ブッダは近《ちか》づいていき、子《こ》どもたちに問《と》いかけた。

「そなたたちにとって、苦《くる》しみは心地《ここち》よいか、心地《ここち》よくないか?」

子《こ》どもたちは答《こた》えた。

「苦《くる》しみ? そりゃあ、心地《ここち》よくないさ。」

それを聞《き》くと、ブッダは、静《しず》かにさとした。

「苦《くる》しみが、そなたたちにとって心地《ここち》よくないのなら、そのように生《い》きものをいじめてはならないよ。むごいことをしてはいけないよ。」

子《こ》どもたちはうなだれ、魚《さかな》を川《かわ》に放《はな》した。

「目《め》に見《み》えるものでも、見《み》えないものでも、遠《とお》くにすむものでも、近《ちか》くにすむものでも、すでに生《う》まれたものでも、これから生《う》まれようと欲《ほっ》するものでも、いっさいの生《い》きとし生《い》けるものは、幸《しあわ》せであれ。」

そう考《かんが》えるブッダは、人《ひと》びとに対《たい》して、ことあるごとに、「慈悲《じひ》」の心《こころ》を説《と》いた。

「母《はは》が自分《じぶん》のひとり子《ご》を命《いのち》がけで守《まも》るように、いっさいの生《い》きとし生《い》けるものに対《たい》しては、無量《むりょう》のいつくしみの心《こころ》をもたなくてはならない。」

そして、「不殺生《ふせっしょう》（殺《ころ》すなかれ）」の心《こころ》を熱心《ねっしん》に説《と》いた。

「すべてのものは暴力《ぼうりょく》におびえ、死《し》をおそれる。すべての生《い》きものにとって、命《いのち》はいとしい。それゆえ、自分《じぶん》を愛《あい》するものは、殺《ころ》してはならぬ。」

死《し》んだ子《こ》を生《い》きかえらせてください

ブッダの説法《せっぽう》は、同《おな》じ言葉《ことば》をくりかえすのではなく、そのときどきで、聞《き》く相手《あいて》に合《あ》わせて、言葉《ことば》をかえた。

祇園精舎《ぎおんしょうじゃ》の近《ちか》くの村《むら》に、クリシャー・ガウタミーというわかい母親《ははおや》がいた。赤《あか》んぼうがひとりいたが、死《し》んでしまった。

「おねがいです。」

悲《かな》しみのあまり、クリシャー・ガウタミーは会《あ》う人《ひと》、会《あ》う人《ひと》に懇願《こんがん》した。

「わたしの子《こ》を、生《い》きかえらせてください。」

ある人《ひと》が言《い》った。

「それなら、祇園精舎《ぎおんしょうじゃ》の尊者《そんじゃ》、ブッダのところへ行《い》ったらどうか。」

クリシャー・ガウタミーは死《し》んだ赤《あか》んぼうをだいて、ブッダのもとへかけつけた。

「おねがいです。わたしの子《こ》を生《い》きかえらせてください。」

ブッダはじいっと母親《ははおや》を見《み》つめ、言《い》った。

「それなら、願《ねが》いをかなえてあげよう。そのためには、村《むら》へ帰《かえ》って、ケシの実《み》を３つぶもらってきなさい。」

クリシャー・ガウタミーはよろこんで、村《むら》へ走《はし》りさろうとした。そのとき、ブッダは背後《はいご》から言《い》った。

「ただし、そのケシの実《み》は、いままでひとりも死者《ししゃ》を出《だ》したことのない家《いえ》からもらってこなければならないよ。」

クリシャー・ガウタミーは村《むら》へもどり、ケシの実《み》をもらおうとした。しかし、どの家《いえ》に行《い》っても、「死者《ししゃ》を出《だ》したことがない」という家《いえ》はなかった。

ない、ない、ない……。

村中《むらじゅう》を走《はし》りまわって、ブッダのもとへもどってくるころには、クリシャー・ガウタミーの心《こころ》は、深《ふか》い悲《かな》しみの心《こころ》から、静《しず》かな心《こころ》にかわっていた。

「ブッダさま。」

クリシャー・ガウタミーはひれふして、言《い》った。

「わたしの願《ねが》いが、いかにおろかなものであったか、よくわかりました。」

ブッダは、わかい母親《ははおや》に、なぐさめの言葉《ことば》を言《い》ったりせず、ただ村中《むらじゅう》を歩《ある》きまわらせることで、「死者《ししゃ》を出《だ》したことのない家《いえ》はどこにもない」という、この世《よ》のありのままの真実《しんじつ》を理解《りかい》させて、母親《ははおや》の悲《かな》しみをしずめたのだ。

クリシャー・ガウタミーは、その場《ば》で、ブッダの女弟子《おんなでし》、尼僧《にそう》になった。


ブッダはそのあとで、弟子《でし》たちに向《む》かって、こう説《と》いた。

「みなの衆《しゅう》、これをどう思《おも》うか。4つの大海《たいかい》の水《みず》と、いままでの、長《なが》い長《なが》い過去世《かこぜ》においで、いとしいものとわかれて流《なが》したなみだと、どちらが多《おお》いであろうか？」

「世尊《せそん》よ。」弟子《でし》たちは答《こた》えた。「わたしたちは世尊《せそん》の教《おし》えによって、かつて長《なが》い長《なが》い過去世《かこぜ》に流《なが》したなみだの量《りょう》は、4つの大海《たいかい》の量《りょう》よりも、もっと多《おお》いと知《し》っております。」

ブッダは深《ふか》くうなずいて、言《い》った。

「よいかな、修行僧《しゅぎょうそう》たちよ。そなたたちは、よくそのことを知《し》っていた。父《ちち》と母《はは》の死《し》にあい、子《こ》の死《し》にあい、同族《どうぞく》の死《し》にあって、人《ひと》びとが流《なが》したなみだは、その長《なが》い長《なが》い流転《るてん》のあいだに、はかりしれない量《りょう》となって、4つの大海《たいかい》をもってしても、くらべることができないのだ……。」

ブッダの弟子《でし》のなかで、異色《いしょく》の存在《そんざい》は、元《もと》は盗賊《とうぞく》のアングリマーラだった。

「アングリ」とは指《ゆび》のこと、「マーラ」は花冠《かかん》のことで、アングリマーラは人《ひと》を殺《ころ》し、その指《ゆび》を首《くび》かざりにしていたことから、そうよばれていた。

ある日《ひ》、アングリマーラは、祇園精舎《ぎおんしょうじゃ》への道《みち》の途中《とちゅう》で、刃物《はもの》を持《も》って、ブッダを殺《ころ》そうと待《ま》ちかまえていた。

しかし、ブッダの姿《すがた》を見《み》たとき、アングリマーラは雷《かみなり》に打《う》たれたように、その神々《こうごう》しさに打《う》たれてしまった。

「ブッダさま。」

アングリマーラは、地《ち》に刃物《はもの》を投《な》げすてた。そして、両手《りょうて》をついて、ひざまずき、声《こえ》をふりしぼって、うったえた。

「おねがいいたします。罪深《つみぶか》い、このわたしを、お弟子《でし》のはしくれに、くわえてください。」

ブッダは、慈愛《じあい》にみちた目《め》で、アングリマーラを見《み》つめて、うなずいた。

「ありがとうございます。ありがとうございます。」

アングリマーラはひれふして、ブッダを礼拝《らいはい》し、大声《おおごえ》をあげて泣《な》いた。

しかし、出家《しゅっけ》したのち、アングリマーラは托鉢《たくはつ》に出《で》かけたとき、人《ひと》びとにののしられ、石《いし》を投《な》げつけられた。

「人殺《ひとごろ》しめ。」

「人殺《ひとごろ》しめ。」

衣《ころも》がずたずたになり、血《ち》だらけで帰《かえ》ってきたアングリマーラを見《み》て、ブッダは静《しず》かに言《い》った。

「たえよ。そなたはかつておかした悪業《あくごう》によって、幾百年《いくひゃくねん》、幾千年《いくせんねん》、地獄《じごく》において受《う》ける報《むく》いを、いま受《う》けているのだ。」

ブッダの言葉《ことば》に、アングリマーラはひざまずき、頭《こうべ》を深《ふか》くたれて、ぽたぽたとなみだを落《お》とすばかりだった。

のちに、アングリマーラについて、ブッダはこう言《い》った。

「以前《いぜん》に悪《わる》い行《おこな》いをした者《もの》でも、のちに善《ぜん》によってつぐなうなら、その者《もの》は、雲《くも》をはなれた月《つき》のように、この世《よ》をてらす。」


ブッダの弟子《でし》で、教団《きょうだん》の長老役《ちょうろうやく》をしていたのは、マハーカーシャパだった。ひたすら執着《しゅうちゃく》をとりのぞいて修行《しゅぎょう》することを「頭陀行《ずだぎょう》」といったが、十大弟子《じゅうだいでし》のなかで、マハーカーシャパは、「頭陀第一《ずだだいいち》」とよばれ、ひたすら清《きよ》らかな行《おこな》いにつとめていた。

「多聞第一《たもんだいいち》（もっとも多《おお》く聞《き》いた者《もの》）」といわれ、25年《ねん》もの長《なが》いあいだ、ブッダの侍者《じしゃ》（お仕《つか》えする弟子《でし》）をつとめていたのは、気《き》のやさしい、アーナンダだった。

アーナンダは、ブッダの従兄弟《いとこ》であり、シャーキャ族《ぞく》の6人《にん》の青年《せいねん》とともに、ブッダのもとで出家《しゅっけ》した。

同期《どうき》の者《もの》には、「天眼第一《てんげんだいいち》（知恵《ちえ》の目《め》をもつ者《もの》）」のアニルッダや、「持律第一《じりつだいいち》（戒律《かいりつ》をもっとも守《まも》る者《もの》）」のウパーリ、さらにはブッダにそむいて、仏教教団《ぶっきょうきょうだん》から追放《ついほう》されたデーヴァダッタなどがいた。

シッダールタの子《こ》で、カピラヴァストゥの王子《おうじ》だったラーフラも、「密行第一《みつぎょうだいいち》（教《おし》えをかたく守《まも》る者《もの》）」といわれて、ほかの弟子《でし》たちから尊敬《そんけい》されていた。

弟子《でし》のひとりに、マールンクヤという青年修行者《せいねんしゅぎょうしゃ》がいた。

あるとき、マールンクヤはブッダにたずねた。

「これを最後《さいご》と思《おも》って、おたずねします。『世界《せかい》は常住《じょうじゅう》（つねにある）なのか、無常《むじょう》（つねに変転《へんてん》する）なのか？　体《からだ》と魂《たましい》は、ひとつなのか、別《べつ》なのか？　人《ひと》は死後《しご》も存在《そんざい》するのか、しないのか？』ぜひとも、この問《と》いにお答《こた》えください。」

弟子《でし》たちは、耳《みみ》をそばだてた。

そうした問《と》いは、だれしも聞《き》きたいことだった。しかし、ブッダはこうした問《と》いに対《たい》しては、ずっと答《こた》えず、沈黙《ちんもく》していた。

ブッダはマールンクヤの顔《かお》を見《み》た。

そのとき、ブッダはまだ少年《しょうねん》のころに、「魂《たましい》はほろびないのか？　魂《たましい》はどこへ行《い》くのか？」と、しきりに考《かんが》えていた自分《じぶん》のことを思《おも》いだした。

それらを考《かんが》えることは、悪《わる》いことではない。しかし、それらに思《おも》いなやむあまり、修行《しゅぎょう》がおろそかになるのは、よくない。

ブッダは、おもむろに説《と》きはじめた。

「ある人《ひと》が、毒矢《どくや》に射《い》られて苦《くる》しんでいるとしよう……。友《とも》や親族《しんぞく》が医者《いしゃ》をむかえにやると、当人《とうにん》がこう言《い》ったとする。『わたしを射《い》た者《もの》が、クシャトリヤか、バラモンか、バイシャか、シュードラかを知《し》らないうちは、この矢《や》をぬきとってはならない。またその者《もの》の姓名《せいめい》を知《し》らないうちは、ぬきとってはならない。』と。そうこうするうちに、その者《もの》は、毒《どく》がまわって死《し》んでしまうであろう。それと同《おな》じく、ある人《ひと》が、『世界《せかい》は常住《じょうじゅう》であるか、常住《じょうじゅう》ではないのか、尊師《そんし》が説《と》いてくれないうちは、わたしは修行《しゅぎょう》できない。』と言《い》ったとしよう。師《し》はそれを説《と》かないから、その人《ひと》は修行《しゅぎょう》しないまま死《し》んでしまうであろう……。」

それを聞《き》いて、マールンクヤはうなだれた。

「よいか、マールンクヤ。世界《せかい》は常住《じょうじゅう》か、無常《むじょう》か？　魂《たましい》はあるのか、ないのか？　そうしたことについて、どのように考《かんが》えたとしても、『生《しょう》・老《ろう》・病《びょう》・死《し》』の苦《くる》しみは、現実《げんじつ》に存在《そんざい》する。わたしは世界《せかい》の成《な》り立《た》ちや死後《しご》のことについては説《と》かないが、『生《しょう》・老《ろう》・病《びょう》・死《し》』の苦《くる》しみをのりこえる方法《ほうほう》については、説《と》く。」

ブッダは弟子《でし》たちを見《み》まわして、力強《ちからづよ》い声《こえ》で言《い》った。

「だから、修行僧《しゅぎょうそう》たちよ、わたしが説《と》かなかったことは、説《と》かなかったこととして、理解《りかい》せよ。では、わたしはなにを説《と》いたのか？　『これは苦《くる》しみである。これは苦《くる》しみの起《お》こる原因《げんいん》である。これは苦《くる》しみの消滅《しょうめつ》である。これは苦《くる》しみの消滅《しょうめつ》への道《みち》である。』この4つの真理《しんり》を、わたしは説《と》いた。心《こころ》の平安《へいあん》、すぐれた知恵《ちえ》、正《ただ》しい悟《さと》りのための真理《しんり》を説《と》いたのである……。」

マールンクヤは頭《こうべ》をたれて、ブッダに言《い》った。

「よく、わかりました。世尊《せそん》。」

大切《たいせつ》なことは、執着《しゅうちゃく》からはなれ、ものごとをありのままに見《み》つめ、苦《くる》しみをとりのぞく方法《ほうほう》――「八正道《はっしょうどう》」をしっかりと実践《じっせん》することなのだ。

ブッダは思《おも》った。

世界《せかい》は常住《じょうじゅう》か、魂《たましい》は永遠《えいえん》か、などという問《と》いは、議論《ぎろん》のための議論《ぎろん》となるおそれがあり、正《ただ》しい修行《しゅぎょう》の道《みち》を助《たす》けてはくれない……。

世界《せかい》は美《うつく》しく、命《いのち》は甘美《かんび》だ

いずれは教団《きょうだん》をまかせようと思《おも》っていたシャーリプトラとマウドガリヤーヤナが、亡《な》くなった。

ガンジス河《がわ》のほとりの村《むら》で、ブッダは、集《あつ》まった修行僧《しゅぎょうそう》を前《まえ》にして、言《い》った。

「修行僧《しゅぎょうそう》たちよ。この世《よ》において、滅《めっ》しないものはない。シャーリプトラとマウドガリヤーヤナのふたりも、亡《な》くなってしまった……。すべては無常《むじょう》である。だから、みずからをよりどころとして、『ダルマ』をよりどころとして、ほかのものをよりどころとせず、修行《しゅぎょう》せよ。」

ブッダは80歳《さい》になった。ナイランジャナー河《がわ》のほとり、菩提樹《ぼだいじゅ》のもとで、悟《さと》りを開《ひら》いてから、すでに45年《ねん》がすぎさっていた。

「最後《さいご》の旅《たび》に出《で》よう。」

ブッダは決意《けつい》した。いま一度《いちど》、故郷《こきょう》を見《み》たい。胸《むね》のうちに、なつかしい生《う》まれ故郷《こきょう》のカピラヴァストゥがあった。

このとき、シッダールタが育《そだ》ったあの宮殿《きゅうでん》は、とうにうしなわれていた。コーサラ国《こく》にせめられて、シャーキャ族《ぞく》はほろぼされていたのだ。それでも、ブッダは故郷《こきょう》を見《み》たいとねがった。

ブッダは、アーナンダたちをひきつれて、マガダ国《こく》の王舎城《おうしゃじょう》から旅立《たびだ》ち、北《きた》へ向《む》かって、修行者《しゅぎょうしゃ》や在家信者《ざいけしんじゃ》たちに説法《せっぽう》をしながら、町《まち》から町《まち》へ、村《むら》から村《むら》へ、歩《ある》いていった。

ナーランダー、パータリ村《むら》を経《へ》て、ガンジス河《がわ》に出《で》た。このとき、聖《せい》なる河《かわ》ガンジスは満々《まんまん》と水《みず》をたたえていた。

「河《かわ》をわたるには、舟《ふね》を見《み》つけなくてはなりません。」

岸辺《きしべ》を見《み》わたして、アーナンダが言《い》った。

「わたしが、舟《ふね》をさがしてきます。」

アーナンダが走《はし》っていったあと、ゆうゆうと流《なが》れてやまない大河《たいが》ガンジスを見《み》やって、ブッダはつぶやいた。

「広《ひろ》くて深《ふか》い河《かわ》だ。ここを、橋《はし》をかけてわたる者《もの》もいれば、いかだに乗《の》ってわたる者《もの》もいる……。しかし、この深《ふか》い河《かわ》を、悟《さと》りを得《え》た者《もの》は、すでにわたっている……。」

どれほど、河《かわ》が広《ひろ》くて深《ふか》かろうとも、この世《よ》の苦《くる》しみをのりこえた聖者《しょうじゃ》は、もはや、安《やす》らぎのかなたへとわたっているのだ……。

ブッダがそうした思《おも》いをいだいていると、そのときだった。まるで、ブッダを待《ま》っていたかのように、1そうの舟《ふね》が近《ちか》づいてきたのだ。それは、客《きゃく》をひとりだけ乗《の》せることができるような、小《ちい》さな細《ほそ》い舟《ふね》だった。その渡《わた》し守《もり》の顔《かお》を見《み》たとき、ブッダは、はっとした。

髪《かみ》もまゆもひげもまっ白《しろ》になっていたにもかかわらず、その渡《わた》し守《もり》の顔《かお》には、カピラヴァストゥの宮殿《きゅうでん》の庭《にわ》にいた少年《しょうねん》、ボンダッタの面影《おもかげ》があったのだ。

「待《ま》っていたよ、シッダールタ。」

ボンダッタは、なつかしそうに言《い》った。

「あのときの王族《おうぞく》の少年《しょうねん》が、いまや、多《おお》くの信者《しんじゃ》をしたがえる、偉大《いだい》なブッダになったとはね。さあ、乗《の》ってください。これは、あなたのための舟《ふね》なのだから。」

ボンダッタは岸辺《きしべ》に舟《ふね》を着《つ》けた。

「ありがとう。」

ブッダは感謝《かんしゃ》し、ボンダッタの舟《ふね》に乗《の》った。アーナンダたちは、それぞれに、別《べつ》の舟《ふね》を見《み》つけて、河《かわ》をわたりはじめた。

ボンダッタは舟《ふね》をこぎながら、ブッダに言《い》った。

「シッダールタには、ほんとうに、おいしいパンを食《た》べさせてもらった。いまもわすれられない。」

ブッダは微笑《びしょう》して言《い》った。

「いや、ボンダッタによって、わたしは人《ひと》を苦《くる》しめている老《お》い、病《やまい》、死《し》というものを教《おし》えてもらい、目《め》を開《ひら》かされた。わたしこそ、深《ふか》く感謝《かんしゃ》している。」

ボンダッタはブッダを見《み》つめて、言《い》った。

「あの日《ひ》、約束《やくそく》していたのに、行《い》けなかったのは、警護《けいご》の兵《へい》に見《み》つかってね、城《しろ》を追《お》いだされてしまったから……。それから、あっちこっちをさまよって、いつかしら、このガンジス河《がわ》で渡《わた》し守《もり》になった。風《かぜ》のうわさで、ブッダのことを聞《き》き、きっと、この河《かわ》にやってくると、待《ま》っていたのだよ……。」

ブッダはうなずいて、ボンダッタが舟《ふね》をこぐ櫓《ろ》の音《おと》と、静《しず》かな波《なみ》の音《おと》に、耳《みみ》をかたむけた。

時《とき》はすぎていく……。ブッダは思《おも》った。カピラヴァストゥの宮殿《きゅうでん》の庭《にわ》で、はじめてボンダッタと会《あ》ってから、どれほどの時《とき》がすぎていったというのだろう……。

向《む》こう岸《ぎし》に着《つ》くと、ボンダッタは合掌《がっしょう》して、うやうやしくブッダに一礼《いちれい》した。

「さようなら、シッダールタ王子《おうじ》。そして、ガウタマ・ブッダさま。」

そう言《い》うと、ボンダッタは舟《ふね》をこいで去《さ》っていった。

ガンジス河《がわ》をわたったあと、コーティ村《むら》、ナーディカ村《むら》を経《へ》て、一行《いっこう》は商業《しょうぎょう》の大都《だいと》市《し》であったヴァイシャーリーへ着《つ》いた。

かつてこの地《ち》で、わたしはアーラーダ・カーラーマ師《し》のもとで、修行《しゅぎょう》したものだった……。

ブッダは、なつかしい思《おも》いで、ヴァイシャーリーの町《まち》を歩《ある》いた。

やがて、一行《いっこう》は郊外《こうがい》のマンゴー林《ばやし》にとどまった。

マンゴー林《ばやし》から、ベールヴァ村《むら》に向《む》かったとき、雨期《うき》が始《はじ》まった。インド暦《れき》4月《がつ》の満月《まんげつ》の翌日《よくじつ》から90日間《にちかん》（現在《げんざい》の5月中旬《がつちゅうじゅん》から9月中旬《がつちゅうじゅん》）は、「雨安居《うあんご》」「夏安居《げあんご》」とよばれ、害虫《がいちゅう》がとびかい、悪《わる》い病気《びょうき》がはやるとおそれられていた。

そして、このときブッダは、思《おも》いがけず、大《おお》きな病《やまい》におそわれた。

もうすぐ、寿命《じゅみょう》がつきる。

それを感《かん》じたブッダは、そばに仕《つか》えていたアーナンダに、言《い》った。

「アーナンダよ。わたしも年老《としお》いて、80になった。わたしは、さとった真理《しんり》をなにもかもかくさずに、すべて説《と》きあかした。この真理《しんり》を実践《じっせん》し、広《ひろ》めよ。」

幸《さいわ》い、ブッダは病気《びょうき》から立《た》ちなおった。

朝早《あさはや》く、ブッダはヴァイシャーリーの町《まち》へ托鉢《たくはつ》に出《で》かけた。昼《ひる》の休息《きゅうそく》を、チャーパーラ霊樹《れいじゅ》のもとでとった。そのとき、ブッダはあたりを見《み》まわして、アーナンダに語《かた》った。

「アーナンダよ。ヴァイシャーリーは愉《たの》しい。ウデーナ霊樹《れいじゅ》は美《うつく》しい。ゴータマカ霊《れい》樹《じゅ》は美《うつく》しい。マンゴー霊樹《れいじゅ》は美《うつく》しい。バフプッタ霊樹《れいじゅ》は美《うつく》しい。サーランダダ霊樹《れいじゅ》は美《うつく》しい。チャーパーラ霊樹《れいじゅ》は美《うつく》しい。」

深《ふか》く息《いき》をついてから、ブッダは晴《は》れわたったまっ青《さお》な空《そら》を見上《みあ》げて、つぶやいた。

「世界《せかい》は美《うつく》しい。命《いのち》は甘美《かんび》だ……。」

アーナンダはそれを聞《き》いて、なみだを流《なが》した。

「人間《にんげん》は苦《くる》しみの存在《そんざい》である。」そこから修行《しゅぎょう》を始《はじ》めたブッダは、せまりくる死《し》を間《ま》近《ぢか》にして、「世界《せかい》の美《うつく》しさと、命《いのち》の尊《とうと》さ、すばらしさ」を深《ふか》く感謝《かんしゃ》する、明《あか》るくすみきった心《こころ》にみたされていた。

ブッダは世界《せかい》を見《み》まわして、思《おも》った。

この世《よ》に生《う》まれてきたことに、わたしは心《こころ》から感謝《かんしゃ》したい。そして、この世《よ》を去《さ》っていくときが来《き》たことに、深《ふか》く感謝《かんしゃ》したい。すべての苦《くる》しみが消《き》えた、おおいなる涅槃《ねはん》、おおいなる安《やす》らぎが、もうすぐやってくるのだ……。

このあと、ブッダの旅《たび》はつづき、パーヴァー村《むら》へ着《つ》いた。村《むら》で、ブッダは鍛冶屋《かじや》のチュンダのマンゴー林《ばやし》にとどまった。チュンダは心《こころ》からのキノコ料理《りょうり》を、ブッダや弟子《でし》たちにふるまった。

「どうぞ、召《め》しあがってください。」

しかし、この料理《りょうり》を食《た》べたブッダははらをこわしてしまった。

「だいじょうぶでございますか？　このまま、休《やす》んでいたほうがよいのではありませぬか？」

アーナンダは心配《しんぱい》して言《い》った。

しかし、はげしい苦痛《くつう》にたえながら、ブッダは、故郷《こきょう》に向《む》かって、歩《あゆ》みを止《と》めようとしなかった。道《みち》の途中《とちゅう》で、ブッダは、「自分《じぶん》がさしあげた料理《りょうり》が、ブッダの命《いのち》をちぢめた。」と、チュンダが悔《く》やまないように、アーナンダに言《い》った。

「アーナンダよ。わたしがこれまでに受《う》けた供養《くよう》の料理《りょうり》で、もっとも功徳《くどく》のあるものは、悟《さと》りを開《ひら》かせてくれたスジャーターの乳粥《ちちがゆ》であり、心《こころ》のこりなく涅槃《ねはん》の境地《きょうち》に入《はい》らせてくれたチュンダの料理《りょうり》である……。」


ヒランニャヴァティー河《がわ》をわたり、クシナガラの地《ち》に着《つ》いた。

「アーナンダよ。わたしのために、2本《ほん》ならんだサーラ樹《じゅ》（沙羅双樹《さらそうじゅ》）の間《あいだ》に、頭《あたま》を北《きた》に向《む》けて、床《とこ》を用意《ようい》しておくれ。」

アーナンダが用意《ようい》すると、ブッダは右《みぎ》わきを下《した》につけて、足《あし》を重《かさ》ね、横《よこ》たわった。

それは、ブッダが「おおいなる死《し》」、「おおいなる涅槃《ねはん》」をむかえるための姿《すがた》だった。

「尊師《そんし》……。」

アーナンダはなみだにくれた。

「アーナンダよ。悲《かな》しむな。わたしはつねに説《と》いていたであろう。人《ひと》は、すべての愛《あい》するものからわかれていくものだと。」

そして、こう告《つ》げた。

「弟子《でし》たちよ、おまえたちはこう思《おも》うかもしれない。『教《おし》えを説《と》かれた師《し》は、もうおられぬ。』と。だが、そのように見《み》なしてはならない。わたしが説《と》いた教《おし》えが、これからは、おまえたちの師《し》となるのだ……。」

クシナガラの林《はやし》で、鳥《とり》が鳴《な》き、風《かぜ》がふきわたった。

あたりが清《きよ》らかな光《ひかり》につつまれ、世界《せかい》がしんと静《しず》まった。弟子《でし》たちがなみだをこらえて、祈《いの》るなか、ブッダは最後《さいご》の言葉《ことば》を告《つ》げた。

「修行僧《しゅぎょうそう》たちよ、すべてのことがらはすぎさっていく……。そなたたちは、怠《おこた》ることなく、修行《しゅぎょう》を完成《かんせい》させよ。」

（終《お》わり）

ブッダと仏教《ぶっきょう》の年表《ねんぴょう》

年代《ねんだい》	年齢《ねんれい》	できごと	世《よ》の中《なか》の動《うご》き
紀元前《きげんぜん》463	0歳《さい》	シャーキャ族《ぞく》の国《くに》（現在《げんざい》のネパールとインドの国境《こっきょう》あたりにあったと考《かんが》えられている国《くに》）の王子《おうじ》として生《う》まれる。「目的《もくてき》をとげる者《もの》」という意味《いみ》のシッダールタと名《な》づけられる。 シッダールタ王子《おうじ》の誕生《たんじょう》をいわうために、アシタ仙人《せんにん》が城《しろ》をおとずれ、王子《おうじ》には「転輪王《てんりんおう》」になる道《みち》と、「ブッダ」になる道《みち》の、ふたつの道《みち》があると予言《よげん》する。 シッダールタが生《う》まれて7日目《なのかめ》、母《はは》のマーヤー王妃《おうひ》が死去《しきょ》する。 シュッドーダナ王《おう》は、マーヤーの妹《いもうと》のマハープラジャーパティを妃《きさき》にし、シッダールタはマハープラジャーパティに育《そだ》てられる。	紀元前《きげんぜん》5～前《ぜん》4世紀《せいき》ごろ、日本《にっぽん》は、狩《か》りが中心《ちゅうしん》の縄文時代《じょうもんじだい》から、稲作《いなさく》が中心《ちゅうしん》の弥生時代《やよいじだい》にうつりかわっていく。

紀元前《きげんぜん》453	10歳《さい》	予言《よげん》を気《き》にした父《ちち》によって、宮殿《きゅうでん》の中《なか》でなに不自由《ふじゆう》なく、外《そと》の世界《せかい》を知《し》ることのないように育《そだ》てられる。このころまでに、天《てん》にすむ神々《かみがみ》への讃歌《さんか》、インドにつたわる神話《しんわ》や物語《ものがたり》、笛《ふえ》や琴《きん》、竪琴《たてごと》などの音楽《おんがく》、詩文《しぶん》のつくり方《かた》、さらには弓《ゆみ》、剣《けん》、槍《やり》、馬術《ばじゅつ》などの武芸《ぶげい》を学《まな》ぶ。バラモン教《きょう》の聖典《せいてん》や、『ウパニシャッド』の思想《しそう》にとくに興味《きょうみ》をもつ。
紀元前《きげんぜん》449	14歳《さい》	はじめて城《しろ》の外《そと》を見《み》る。東《ひがし》の城門《じょうもん》、南《みなみ》の城《じょう》門《もん》、西《にし》の城門《じょうもん》から外《そと》へ行《い》き、この世《よ》には老《お》い、病《やまい》、死《し》があることに直面《ちょくめん》する。また、北《きた》の城門《じょうもん》で修行僧《しゅぎょうそう》に出会《であ》い、修行《しゅぎょう》に身《み》をささげる生《い》き方《かた》があることを知《し》る。自分《じぶん》も修行《しゅぎょう》の旅《たび》に出《で》たいと強《つよ》くねがう。
紀元前《きげんぜん》447	16歳《さい》	ヤショーダラーと結婚《けっこん》する。何年《なんねん》かたって子《こ》どもをさずかり、ラーフラと名《な》づける。

紀元前《きげんぜん》434

29歳《さい》

真夜中《まよなか》に城《しろ》をぬけだし、出家《しゅっけ》する。この世《よ》の苦《くる》しみである「生《しょう》・老《ろう》・病《びょう》・死《し》」をのりこえるための方法《ほうほう》をもとめて、ふたりの師《し》をおとずれ、修行《しゅぎょう》を積《つ》む。

紀元前《きげんぜん》428

35歳《さい》

どんなに苦行《くぎょう》をしても「ダルマ（真理《しんり》の法《ほう》）」はあらわれないことに気《き》づく。苦行《くぎょう》をやめたシッダールタは、ナイランジャナー河《がわ》の岸辺《きしべ》で、村《むら》の地主《じぬし》の娘《むすめ》スジャーターから乳粥《ちちがゆ》をもらい体《からだ》の力《ちから》を回復《かいふく》させる。12月8日《がつようか》、アシュヴァッタ樹《じゅ》の下《した》で悟《さと》りを開《ひら》き、完全《かんぜん》にめざめた者《もの》「ブッダ」となる。「鹿の園《かせぎのその》」で5人《にん》の修行者《しゅぎょうしゃ》に向《む》けてはじめての説法《せっぽう》を行《おこな》う。その5人《にん》の弟子《でし》を連《つ》れて、「仏教《ぶっきょう》」伝道《でんどう》の旅《たび》を始《はじ》める。その後《ご》、身分《みぶん》にかかわらずだれでも入《はい》れる修行《しゅぎょう》の拠点《きょてん》、「竹林精舎《ちくりんしょうじゃ》」や「祇園精舎《ぎおんしょうじゃ》」がつくられ、多《おお》くの弟子《でし》が集《あつ》まる。

紀元前《きげんぜん》383	80歳《さい》	最後《さいご》の旅《たび》として、生《う》まれ故郷《こきょう》の地《ち》をめざす。途中《とちゅう》の村《むら》でふるまわれたキノコ料理《りょうり》を食《た》べて、体《からだ》の具合《ぐあい》が悪《わる》くなる。2月《がつ》15日《にち》、クシナガラの地《ち》で、2本《ほん》のサーラ樹《じゅ》の間《あいだ》に横《よこ》になり、80年《ねん》の生涯《しょうがい》を閉《と》じる。	
紀元前《きげんぜん》260ごろ		インドで最初《さいしょ》に統一国家《とういつこっか》をきずいたアショーカ王《おう》が、仏教《ぶっきょう》に帰依《きえ》する。インド全土《ぜんど》とまわりの地域《ちいき》に仏教《ぶっきょう》が広《ひろ》がる。	紀元前《きげんぜん》221年《ねん》、中国《ちゅうごく》に秦《しん》という統一国家《とういつこっか》ができる。
紀元前《きげんぜん》35〜前《ぜん》32		口伝《くでん》でのこされてきた仏教《ぶっきょう》の教《おし》えが、文字《もじ》に記《しる》される。	
2世紀《せいき》		仏教《ぶっきょう》がパキスタンにあったガンダーラという地《ち》でさかえ、中央《ちゅうおう》アジアや中国《ちゅうごく》につたわる。	
4〜5世紀《せいき》		仏教《ぶっきょう》が朝鮮半島《ちょうせんはんとう》の国々《くにぐに》につたわる。	
538		仏教《ぶっきょう》が日本《にっぽん》につたわる。	
607		聖徳太子《しょうとくたいし》が法隆寺《ほうりゅうじ》をたてる。聖徳太子《しょうとくたいし》によって、日本《にっぽん》で仏教《ぶっきょう》がさかんになる。	小野妹子《おののいもこ》が遣隋使《けんずいし》（中国《ちゅうごく》への使者《ししゃ》）となる。

ブッダの生没年《せいぼつねん》には諸説《しょせつ》あります。

あとがき

苦《くる》しみをのりこえる道《みち》を説《と》いたブッダ

小沢章友《おざわあきとも》

ブッダを深《ふか》く知《し》りたい

ぼくがブッダに心《こころ》ひかれるようになったのは、中学生《ちゅうがくせい》のときに、ドイツの作家《さっか》ヘルマン・ヘッセの『内面《ないめん》への道《みち》――シッダールタ』（高橋健二《たかはしけんじ》訳《やく》、新潮文庫《しんちょうぶんこ》、1959年《ねん》）を読《よ》んでからです。

この作品《さくひん》は、バラモンの家《いえ》に生《う》まれた主人公《しゅじんこう》シッダールタ（ヘッセの創作上《そうさくじょう》の人物《じんぶつ》で、ブッダとは別《べつ》の人《ひと》）が、「自分《じぶん》はいかに生《い》きるべきか？」と考《かんが》え、無一物《むいちぶつ》の沙門《しゃもん》となって家《いえ》を出《で》て、森《もり》で苦行《くぎょう》し、ブッダに会《あ》い、さらに各地《かくち》を旅《たび》し、老《お》いて、ついに

「心《こころ》の平安《へいあん》」を得《え》るという、いわば「魂《たましい》の遍歴《へんれき》」の物語《ものがたり》です。

　ぼく自身《じしん》が生《い》き方《かた》にまよい、「これからどう生《い》きればいいのだろう？」と、不安《ふあん》をいだいたときは、何度《なんど》もこの作品《さくひん》を読《よ》みかえしました。そのうちに、「完全《かんぜん》な安《やす》らかさ、その姿《すがた》の静《しず》けさ」をもち、「小指《こゆび》の動《うご》きに至《いた》るまで真実《しんじつ》」の人《ひと》だとえがかれている、大《おお》いなる覚者《かくしゃ》、ブッダをもっと深《ふか》く知《し》りたいと思《おも》うようになったのです。

　ブッダがどのように生《う》まれ、どのようにして悟《さと》りを開《ひら》き、どのようにして人《ひと》びとに説法《せっぽう》し、安《やす》らぎをあたえたのか。どのようにしてみずからも安《やす》らぎを得《え》たのか。

　そうしたことに思《おも》いをめぐらせ、ブッダの人《ひと》となりと思想《しそう》について書《か》かれたさまざまな書物《しょもつ》を読《よ》み、『原始仏典《げんしぶってん》』『大乗仏典《だいじょうぶってん》』などの仏教経典《ぶっきょうきょうてん》に目《め》を通《とお》していくうちに、もしもできるのなら、ブッダの物語《ものがたり》を書《か》いてみたいと、いつかしらねがうようになりました。

苦難《くなん》の道《みち》にたえて

2019年《ねん》の2月《がつ》、インドに行《い》ってきました。

ブッダが悟《さと》りを開《ひら》いたとされる聖地《せいち》ブッダガヤ（むかしのウルヴィルヴァー）や、かつての仲間《なかま》だった5人《にん》の修行者《しゅぎょうしゃ》たちに、はじめて真理《しんり》の法《ほう》「ダルマ」を説《と》いたサルナート（むかしのサールナート）の「鹿の園《かせぎその》」や、晩年《ばんねん》に舟《ふね》でわたったガンジス河《がわ》など、ブッダの足跡《あしあと》をたどってみたいと思《おも》ったからです。

実際《じっさい》に行《い》ってみると、インドは、混沌《こんとん》とした、ふしぎな魅力《みりょく》をたたえたところでした。ブッダがそこで結跏趺坐《けっかふざ》を組《く》み、悟《さと》りを開《ひら》いたとされる大《おお》きな菩提樹《ぼだいじゅ》のまわりには、世界中《せかいじゅう》の人《ひと》たちが集《あつ》まり、おのおののやり方《かた》で、経《きょう》をとなえたり、祈《いの》りをささげたりしていました。

もっとも衝撃《しょうげき》を受《う》けたのは、聖《せい》なる大河《たいが》、ガンジス河《がわ》の光景《こうけい》でした。そこでは、人《ひと》びとが河《かわ》に体《からだ》をひたし、顔《かお》をあらい、うがいし、洗濯《せんたく》し、器《うつわ》をあらい、祈《いの》っていました。病《や》んでいるらしい人《ひと》が石段《いしだん》に横《よこ》たわって祈《いの》り、すこしはなれたところでは、葬儀《そうぎ》が行《おこな》われ、遺体《いたい》が焼《や》かれていました。まさに、老若男女《ろうにゃくなんにょ》、ありとあらゆる人《ひと》たちが、この大河《たいが》を「生《しょう》・老《ろう》・病《びょう》・死《し》」の場《ば》として、くらしていたのです。

ああ、このインドの地《ち》で、「めざめている者《もの》たちよ、わたしの言葉《ことば》をよく聞《き》け。ねむっている者《もの》たちよ、めざめよ……。」と、ブッダは人《ひと》びとに説法《せっぽう》していったのか。そう思《おも》うと、胸《むね》がいっぱいになりました。

ひとりひとりの命《いのち》が尊《とうと》い

ブッダは、いまからおよそ2500年前《ねんまえ》に、ルンビニーの地《ち》で生《う》まれました。ブッダが始《はじ》めた仏教《ぶっきょう》は、その教《おし》えを受《う》けついだ人《ひと》たちにより、さまざまなかたちで、中国《ちゅうごく》、東南《とうなん》アジア、南《みなみ》インドなど、世界中《せかいじゅう》に広《ひろ》まりました。日本《にっぽん》でも、最澄《さいちょう》（7

67～822年《ねん》）や空海《くうかい》（774～835年《ねん》）といったすぐれた僧《そう》が、仏教《ぶっきょう》を学《まな》び、人《ひと》びとにつたえていきました。

世尊《せそん》とよばれ、多《おお》くの人《ひと》に教《おし》えを説《と》いたブッダの生涯《しょうがい》は、ひたすら「人《ひと》はいかにしたら苦《くる》しみをのりこえることができるか？」を、真理《しんり》の光《ひかり》にてらして考《かんが》え、「苦《くる》しみをのりこえる道《みち》」を、人《ひと》びとに説《と》きつづけたものでした。

「人《ひと》は生《う》まれたときから、だれしも、老《お》いて、病《や》んで、死《し》をむかえるという、さだめをもっている。この『生《しょう》・老《ろう》・病《びょう》・死《し》』のさだめにより、人《ひと》は苦《くる》しみをまぬがれられない。どうしたら、この苦《くる》しみをのりこえることができるか？」

そう問《と》いつづけて、死《し》の一歩手前《いっぽてまえ》までのきびしい苦行《くぎょう》を行《おこな》ったあと、菩提樹《ぼだいじゅ》の下《した》で、真理《しんり》をさとったブッダは、その後《ご》、「人《ひと》はなぜ苦《くる》しむのか？」「苦《くる》しみをのりこえるにはどうしたらいいのか？」を、わかりやすく、人《ひと》びとに説《と》いていきました。苦《くる》しみが起《お》こる心《こころ》の働《はたら》きを、徹底的《てっていてき》に分析《ぶんせき》して、解《と》きあかしたのです。

まさにブッダは、この地上《ちじょう》に生《う》まれた人間《にんげん》として、最高《さいこう》の知恵《ちえ》をもった存在《そんざい》であり、かぎりない慈愛《じあい》の心《こころ》をもった存在《そんざい》でした。

長《なが》いあいだねがってきた、ブッダの物語《ものがたり》を、この「火《ひ》の鳥伝記文庫《とりでんきぶんこ》」で、ようやく書《か》くことができて、とてもうれしく思《おも》っています。そして、「人《ひと》はみな平等《びょうどう》であり、ひとりひとりの命《いのち》が尊《とうと》い」と説《と》いたブッダの愛《あい》の心《こころ》が、この本《ほん》を通《とお》して、読者《どくしゃ》のみなさんにつたわってくれればとねがっています。

この物語《ものがたり》を書《か》くにあたって、貴重《きちょう》なアドバイスをしていただいた監修《かんしゅう》の釈徹宗先生《しゃくてっしゅうせんせい》に深《ふか》く感謝《かんしゃ》いたします。

参考文献《さんこうぶんけん》

『ブッダのことば――スッタニパータ』中村《なかむら》元《はじめ》訳《やく》（岩波書店《いわなみしょてん》）

『ブッダの真理《しんり》のことば　感興《かんきょう》のことば』中村《なかむら》元《はじめ》訳《やく》（岩波書店《いわなみしょてん》）

『ブッダ最後《さいご》の旅《たび》――大《だい》パリニッバーナ経《きょう》』中村《なかむら》元《はじめ》訳《やく》（岩波書店《いわなみしょてん》）

『ブッダ　神々《かみがみ》との対話《たいわ》――サンユッタ・ニカーヤⅠ』中村《なかむら》元《はじめ》訳《やく》（岩波書店《いわなみしょてん》）

『ブッダ　悪魔《あくま》との対話《たいわ》――サンユッタ・ニカーヤⅡ』中村《なかむら》元《はじめ》訳《やく》（岩波書店《いわなみしょてん》）

『ブッダ伝《でん》　生涯《しょうがい》と思想《しそう》』中村《なかむら》元《はじめ》著《ちょ》（KADOKAWA《カドカワ》）

『ブッダの人《ひと》と思想《しそう》』中村《なかむら》元《はじめ》・田辺祥二《たなべしょうじ》著《ちょ》（日本放送出版協会《にっぽんほうそうしゅっぱんきょうかい》）

『釈尊《しゃくそん》との対話《たいわ》』奈良康明《ならやすあき》著《ちょ》（日本放送出版協会《にっぽんほうそうしゅっぱんきょうかい》）

『中村元選集《なかむらはじめせんしゅう》［決定版《けっていばん》］第《だい》11巻《かん》　ゴータマ・ブッダⅠ　原始仏教《げんしぶっきょう》Ⅰ』中村《なかむら》元《はじめ》著《ちょ》（春秋社《しゅんじゅうしゃ》）

『中村元選集《なかむらはじめせんしゅう》［決定版《けっていばん》］第《だい》12巻《かん》　ゴータマ・ブッダⅡ　原始仏教《げんしぶっきょう》Ⅱ』中村《なかむら》元《はじめ》著《ちょ》（春秋社《しゅんじゅうしゃ》）

『新釈尊伝《しんしゃくそんでん》』渡辺照宏《わたなべしょうこう》著《ちょ》（大法輪閣《だいほうりんかく》）

『釈尊《しゃくそん》の生涯《しょうがい》』水野弘元《みずのこうげん》著《ちょ》（春秋社《しゅんじゅうしゃ》）

『ブッダの生涯《しょうがい》』ジャン・ボワスリエ著《ちょ》　木村清孝《きむらきよたか》監《かん》　富樫瓔子《とがしようこ》訳《やく》（創元社《そうげんしゃ》）

『お釈迦《しゃか》さまの伝記《でんき》』仏教説話文学全集刊行会《ぶっきょうせつわぶんがくぜんしゅうかんこうかい》編《へん》（隆文館《りゅうぶんかん》）

『新訳仏教聖典《しんやくぶっきょうせいてん》』木津無庵《きづむあん》編《へん》（大法輪閣《だいほうりんかく》）

『世界《せかい》の名著《めいちょ》　1　バラモン教典《きょうてん》　原始仏典《げんしぶってん》』（中央公論社《ちゅうおうこうろんしゃ》）

『内面《ないめん》への道《みち》――シッダールタ』ヘルマン・ヘッセ著《ちょ》　高橋健二《たかはしけんじ》訳《やく》（新潮社《しんちょうしゃ》）

本書《ほんしょ》に登場《とうじょう》するブッダの説法《せっぽう》は、原始仏典《げんしぶってん》の『スッタニパータ』『ダンマパダ』『サンユッタ・ニカーヤ』『南伝大蔵経《なんでんだいぞうきょう》・相応部経典《そうおうぶきょうてん》』『マッジマ・ニカーヤ』『マハーパリニルヴァーナ・スートラ（大般涅槃経《だいはつねはんぎょう》）』から引用《いんよう》しています。引用《いんよう》にあたっては、よりわかりやすくつたえるために、中村元《ちゅうむらはじめ》氏《し》の翻訳《ほんやく》を参考《さんこう》にして、元《もと》の文章《ぶんしょう》を省略《しょうりゃく》したり、加筆《かひつ》したりしています。

日付《ひづけ》は、日本《にっぽん》に伝《つた》わった北伝仏教《ほくでんぶっきょう》に合《あ》わせています。北伝仏教《ほくでんぶっきょう》は、サンスクリット語《ご》で書《か》かれた仏典《ぶってん》にもとづく仏教《ぶっきょう》です。チベットや中国《ちゅうごく》を経《へ》て、漢語訳《かんごやく》で日本《にっぽん》に伝《つた》わりました。これに対《たい》する南伝仏教《なんでんぶっきょう》は、パーリ語《ご》で書《か》かれた仏典《ぶってん》にもとづく仏教《ぶっきょう》で、ミャンマーやタイなどに伝《つた》わったものです。本書《ほんしょ》に登場《とうじょう》する人名《じんめい》や地名《ちめい》などは、サンスクリット語《ご》で表《あらわ》していますが、一部《いちぶ》にパーリ語《ご》などもふくまれています。また、よく知《し》られているパーリ語《ご》は、サンスクリット語《ご》のあとにカッコ書《が》きで記《しる》しました。漢語訳《かんごやく》の言葉《ことば》が一般的《いっぱんてき》である場合《ばあい》は、そのあとにカッコ書《が》きでサンスクリット語《ご》を記《しる》しています。

本書《ほんしょ》のエピソードは、北伝仏教《ほくでんぶっきょう》と南伝仏教《なんでんぶっきょう》のものを参考《さんこう》にしています。家族《かぞく》や弟子《でし》など実在《じつざい》の人物《じんぶつ》や、仏教《ぶっきょう》における業績《ぎょうせき》や歴史《れきし》に影響《えいきょう》しないよう、子《こ》ども時代《じだい》の先生《せんせい》や友《とも》だちとのエピソードは創作《そうさく》で補《おぎな》っています。

ブッダをめぐる人《ひと》びと

シュッドーダナ王《おう》

ブッダの父《ちち》。シャーキャ族《ぞく》の王《おう》。ブッダが王座《おうざ》をつぎ、国《くに》を繁栄《はんえい》させてくれることをのぞんでいた。シャーキャ族《ぞく》は、王《おう》の死《し》後《ご》、コーサラ国《こく》にほろぼされてしまう。

マーヤー

ブッダの生母《せいぼ》。不思議《ふしぎ》な夢《ゆめ》を見《み》た翌日《よくじつ》にブッダを産《う》み、その7日目《なのかめ》、病気《びょうき》のために亡《な》くなった。現在《げんざい》のルンビニー遺跡《いせき》には、マーヤーをまつる寺院《じいん》がたてられている。

マハープラジャーパティ

マーヤーの妹《いもうと》。姉《あね》の死後《しご》、王《おう》の妃《きさき》となり母代《ははが》わりになってブッダを育《そだ》てた。ブッダが修行《しゅぎょう》のために城《しろ》を出《で》ることを予感《よかん》していて、のちにみずからも弟子《でし》になる。

ヤショーダラー

ブッダが16歳《さい》のときに結婚《けっこん》した、シャーキャ族《ぞく》の娘《むすめ》。ブッダとの間《あいだ》にラーフラをもうける。ラーフラが生《う》まれた時期《じき》については、ブッダが出家《しゅっけ》した日《ひ》という説《せつ》もある。

シャーリプトラ

ブッダの弟子《でし》。ブッダの教《おし》えを正《ただ》しく理《り》解《かい》し、わかりやすく人《ひと》につたえることができたため、「知恵第一《ちえだいいち》」とよばれた。親友《しんゆう》のマウドガリヤーヤナをさそって弟子《でし》になり、ともに教団《きょうだん》をささえた。

マウドガリヤーヤナ

ブッダの弟子《でし》。修行《しゅぎょう》によって、前世《ぜんせ》を見《み》ることができるなどの不思議《ふしぎ》な力《ちから》を身《み》につけたため、「神通第一《じんずうだいいち》」とよばれた。ブッダの教団《きょうだん》を敵視《てきし》する他教団《たきょうだん》におそわれ、大《おお》けがをして亡《な》くなったとつたえられる。

マハーカーシャパ

ブッダの弟子《でし》。ひとりきびしく修行《しゅぎょう》し、衣食住《いしょくじゅう》への執着《しゅうちゃく》をすてる頭陀行《ずだぎょう》にすぐれたため、「頭陀第一《ずだだいいち》」とよばれた。ブッダ亡《な》きあとは教団《きょうだん》の中心人物《ちゅうしんじんぶつ》となり、その教《おし》えを集《あつ》めてまとめる「結集《けつじゅう》」を行《おこな》った。

アーナンダ

ブッダの弟子《でし》、従兄弟《いとこ》。ブッダの侍者《じしゃ》を25年間《ねんかん》つとめ、その教《おし》えをもっとも多《おお》く聞《き》いたことから、「多聞第一《たもんだいいち》」とよばれた。記憶力《きおくりょく》にもすぐれていたため、ブッダ亡《な》きあとの「結集《けつじゅう》」ではたいへん活躍《かつやく》した。

アニルッダ

ブッダの弟子《でし》、従兄弟《いとこ》。ブッダの説法中《せっぽうちゅう》にいねむりしたことを深《ふか》く恥《は》じ、極端《きょくたん》な不《ふ》眠行《みんぎょう》をしたため視力《しりょく》をうしなった。けれども、先《さき》のことを見通《みとお》せるなどの天眼《てんげん》を得《え》て、「天眼第一《てんげんだいいち》」とよばれた。

ウパーリ

ブッダの弟子《でし》。教団生活《きょうだんせいかつ》の決《き》まりをよく守《まも》り、教団内《きょうだんない》で起《お》きた問題《もんだい》を公平《こうへい》にさばいたりしたため、「持律第一《じりつだいいち》」とよばれた。ひくい身分《みぶん》の階層《かいそう》に生《う》まれたが、差別《さべつ》をみとめないブッダのもとで才能《さいのう》をのばした。

ラーフラ

ブッダの弟子《でし》、息子《むすこ》。ブッダから、心《こころ》の中《なか》にひそむごうまんさをすてる大切《たいせつ》さを何《なん》度《ど》か教《おし》えられた。シャーリプトラの指導《しどう》のもとに修行《しゅぎょう》し、細《こま》かな決《き》まりもきびしく守《まも》ったことから、「密行第一《みつぎょうだいいち》」とよばれた。

デーヴァダッタ

ブッダの弟子《でし》、従兄弟《いとこ》。教団《きょうだん》の後継者《こうけいしゃ》になる欲望《よくぼう》をくじかれ、ブッダを逆恨《さかうら》みするようになる。ブッダの暗殺《あんさつ》をこころみるがことごとく失敗《しっぱい》した。また、教団《きょうだん》を分裂《ぶんれつ》させようとしたが、これも失敗《しっぱい》に終《お》わった。

ビンビサーラ王《おう》

当時《とうじ》のインドで最大《さいだい》をほこるマガダ国《こく》の王《おう》。修行時代《しゅぎょうじだい》のブッダを見《み》たとき、りっぱな人物《じんぶつ》だと見《み》ぬく。のちに国内《こくない》のラッティ竹林園《ちくりんえん》を寄進《きしん》し、「竹林精舎《ちくりんしょうじゃ》」ができた。仏教《ぶっきょう》の信者《しんじゃ》となった最初《さいしょ》の王《おう》でもある。

プラセーナジト王《おう》

当時《とうじ》のインドの大国《たいこく》のひとつ、コーサラ国《こく》の王《おう》。自国《じこく》の支配下《しはいか》にあるシャーキャ族《ぞく》からあらわれた、同《おな》じ年《とし》のブッダを友人《ゆうじん》としてしたった。のちに息子《むすこ》に王位《おうい》をうばわれ、シャーキャ族《ぞく》はせめほろぼされた。

スダッタ

コーサラ国《こく》の資産家《しさんか》。心《こころ》のやさしい人物《じんぶつ》で、まずしい人《ひと》びとに服《ふく》や食事《しょくじ》をあたえる慈善事業《じぜんじぎょう》を行《おこな》っていた。ブッダの教《おし》えに心《こころ》を打《う》たれ、自国《じこく》の王子《おうじ》が所有《しょゆう》する園《その》を手《て》に入《い》れて「祇園精舎《ぎおんしょうじゃ》」をつくり、寄進《きしん》した。

スジャーター

ブッダが苦行《くぎょう》をやめたとき、ミルクで煮《に》たあまいおかゆをささげた娘《むすめ》。そのおかげでブッダは体力《たいりょく》をとりもどし、菩提樹《ぼだいじゅ》のもとで悟《さと》りを開《ひら》いた。いまも現地《げんち》には「スジャーターの村《むら》」とよばれる村《むら》がある。

著者紹介

小沢章友　おざわ あきとも

作家。1949年、佐賀県生まれ。早稲田大学政経学部卒業。『遊民爺さん』で開高健賞奨励賞受賞。児童書のほか、ホラーや幻想小説など、幅広いジャンルで活躍。児童書のおもな著書に、講談社青い鳥文庫の『明智光秀―美しき知将―』『徳川四天王』『三国志』（全7巻）などがある。

画家紹介

藤原カムイ　ふじわら かむい

漫画家。1959年、東京都生まれ。桑沢デザイン研究所卒業。1981年『バベルの楽園』で漫画家としてデビュー。おもな作品に、『ドラゴンクエスト列伝 ロトの紋章』（原作・川又千秋／脚本・小柳順治）、『旧約聖書 創世記』『西遊記』『精霊の守《も》り人《びと》』（原作・上橋菜穂子）、『雷火《らいか》』（原作・寺島 優）などがある。

監修者紹介

釈 徹宗　しゃく てっしゅう

宗教学者、浄土真宗本願寺派如来寺住職。1961年、大阪府生まれ。児童書の監修に「おしえて! コロ和尚 こどものどうとく」シリーズがある。仏教をやさしく伝える著書多数。

＊この作品は書き下ろしです。

人物伝執筆――――――八重野充弘《やえのみつひろ》
口絵写真（肖像）――――『誕生釈迦仏立像および灌仏盤』
国宝　東大寺蔵
画像提供：奈良国立博物館
（撮影：佐々木香輔）
（印）――――東大寺の御朱印（梵字のみ）
画像提供：東大寺
御朱印の梵字は釈迦如来を意味する。
編集――――――――オフィス303

講談社 火の鳥伝記文庫　22

ブッダ

小沢章友《おざわあきとも》 **文**

2020年3月30日　　第1刷発行

発行者——————渡瀬昌彦
発行所——————株式会社 講談社
東京都文京区音羽2-12-21　郵便番号112-8001
電話　編集（03）5395-3536
販売（03）5395-3625
業務（03）5395-3615

ブックデザイン————祖父江 慎＋志間かれん（コズフィッシュ）
印刷・製本—————図書印刷株式会社
本文データ制作———講談社デジタル製作

N.D.C. 289　222p　18cm
Printed in Japan
ISBN978-4-06-518635-0

講談社《こうだんしゃ》 火《ひ》の鳥《とり》伝記《でんき》文庫《ぶんこ》 新装版《しんそうばん》によせて

火《ひ》の鳥《とり》は、世界中《せかいじゅう》の神話《しんわ》や伝説《でんせつ》に登場《とうじょう》する光《ひかり》の鳥《とり》です。灰《はい》のなかから何度《なんど》でもよみがえり、永遠《えいえん》の命《いのち》をもつといわれています。

伝記《でんき》に描《えが》かれている人々《ひとびと》は、人類《じんるい》や社会《しゃかい》の発展《はってん》に役立《やくだ》つすばらしい成果《せいか》を後世《こうせい》に残《のこ》した人々《ひとびと》です。みなさんにとっては、遠《とお》くまぶしい存在《そんざい》かもしれません。

しかし、かれらがかんたんに成功《せいこう》したのではないことは、この本《ほん》を読《よ》むとよくわかります。

一生懸命《いっしょうけんめい》取《と》り組《く》んでもうまくいかないとき、自分《じぶん》のしたいことがわからないとき、そして将来《しょうらい》のことを考《かんが》えるとき、みなさんを励《はげ》ましてくれるのは、先《さき》を歩《ある》いていった先輩《せんぱい》たちの努力《どりょく》するすがたや、失敗《しっぱい》の数々《かずかず》です。火《ひ》の鳥《とり》はかれらのなかにいて、くじけずチャレンジする力《ちから》となったのです。

伝記《でんき》のなかに生《い》きる人々《ひとびと》を親《した》しく感《かん》じるとき、みなさんの心《こころ》のなかに火《ひ》の鳥《とり》が羽《は》ばたいて将来《しょうらい》への希望《きぼう》を感《かん》じられることを願《ねが》い、この本《ほん》を贈《おく》ります。

2017年《ねん》10月《がつ》

講談社《こうだんしゃ》

ブッダ